서문문고
207

이성과 실존

K·야스퍼스 지음
황 문 수 옮김

옮긴이의 말

 칼 야스퍼스가 실존철학의 대가임은 주지의 사실이다.
 우리 나라에서도 한때 실존철학이 크게 관심을 끌어서, 야스퍼스의 이름은 독자들에게 친숙할 것이다. 그러나 야스퍼스의 사상이 어느 정도로 일반 독자에게 정확하게 이해되었는지는 의심스럽다. 사르트르의 작품을 통해 갑자기 밀려든 실존주의는 마치 유행병처럼 이 땅을 휩쓸고 갔을 뿐 일반적으로 정확한 이해에 도달했다고 보기는 어렵기 때문에 하는 말이다.
 특히 야스퍼스의 경우 그의 주저인 ≪철학≫(3권)이나 ≪진리≫는 모두 1천 페이지가 넘는 방대한 서적이므로 일반 독자로서는 접근하기도 어렵고, 또 읽기를 권하기도 힘들다. 다행히 그에게는 ≪철학입문≫ ≪실존철학≫ 등 자신의 철학을 집약한 저서가 있고, 만년에는 ≪철학적 사고의 작은 학교≫를 통해 다시 그의 철학적 입장을 밝혔지만, 그의 사상을 포괄적으로 이해하는 입문서로는 ≪이성과 실존≫이 가장 적합한 것 같다. 이 책에서는 야스퍼스가 만년에 중점을 둔 포월자(包越者), 이성(理性), 철학적 신앙 등이 테마이기 때문이다.

1935년에 나온 ≪이성과 실존≫은 주저 ≪철학≫에서 의식의 분석을 통해 실존을 해명하려고 한 입장으로부터 ≪진리에 대하여≫에서 보여준 독특한 존재론(포월자론)으로 전환하는 분수령의 역할을 하고 있다.

이 책이 나온 후 그는 그의 철학을 '이성의 철학'이라고 부르고 싶다고 말하고 있다. 특히 일반적으로 결합되기 어려운 것으로 생각하고 있는 '이성'과 '실존'을 결합시켜 '실존이성'이라고 할 수 있는 입장을 세운 것은 주목할 만하다.

실존철학이 마치 낡은 사상으로 퇴락한 것처럼 말하는 성급한 사람들도 있으나, 실존철학의 관점은 쉽게 유행병처럼 사라져 버릴 성질의 것이 아니다. 그런 만큼 실존철학에 대한 정확한 이해는 현대를 이해하는 불가결한 요소 중 하나라고 역자는 믿는다. 이러한 실존철학을 대성하는 데 크게 기여한 야스퍼스의 사상은 아직도 생생한 의미를 갖고 있고, 그의 사상에 접근하는 지름길을 이 책이 보여줄 것이다.

1976년 1월

이성과 실존

차 례

옮긴이 말〈黃文秀〉 3

제1강 현대의 철학적 상황의 계보 9
  1 역사적 회상 11
  2 키에르케고르와 니체 19
  3 키에르케고르와 니체에 의해 초래된 철학적
  상황의 의미 58

제2강 包越者 69
  1 우리들 자신인 包越者 76
  2 존재 자체로서의 包越者 85
  3 실존 88
  4 이성 95
  5 이성과 실존 101
  6 근본사상의 형식적 意味에 대한 반성 105
  7 철학적 성과 116

제3강 전달가능성으로서의 진리 119
  1 우리 자신인 包越者에 있어서의 전달 126
  2 이성과 실존에 의한 사귐의 의지 135
  3 진리 및 총체적 사귐의 의지의 의미 151

제4강 이성적 사유의 우월과 한계 171
　1 이성적 비논리 177
　2 잘못된 논리화 192

제5강 현대의 철학적 사유의 가능성 207
　1 이성과 철학적 논리학 215
　2 철학적 전통의 획득 227
　3 啓示的 신앙과 無神性 사이의 철학 230
　4 철학적 신앙 238
　5 이러한 철학적 사유에 대한 반대 243

이성과 실존

제1강 현대의 철학적 상황의 계보

— 키에르케고르와 니체의 역사적 의미 —

1 역사적 회상

―현대의 상황―

 이성적(理性的)인 것은 비이성적인 것이라는 타자(他者) 없이는 생각할 수 없다. 마찬가지로 현실에 있어서도 이성적인 것은 타자가 없이는 나타나지 않는다. 오직 어떠한 형태로 비이성적인 것이 나타나는가, 어떻게 해서 끝까지 비이성적인 것이 남아 있는가, 그리고 이성적인 것은 어떻게 파악되는가 하는 것이 문제일 뿐이다.

 비이성적인 것과 반이성적(反理性的)인 것을 파악하고 이를 이성에 의하여 형성함으로써 이성의 한 양식(樣式)으로 바꾸고 궁극에 있어서는 이성과 동일하다는 것, 곧 모든 존재는 질서와 법칙이 되어야 한다는 것을 증명하는 것은 철학적 사유의 고유한 노력이다.

 그러나 정직한 마음이나 반항적인 의지는 이에 반대한다. 정직한 마음이나 반항적인 의지는 극복되지 않는 비이성적인 것을 인정하고 또한 주장한다.

 비이성적인 것은 '지식'에 대해서는 모든 장소〔여기〕와 지금〔때〕의 불투명성에 있다.

또한 물질에 있어서 그것은 이성적 형식에 의해 둘러싸여 있기는 하지만 소비되지는 않는다.

비이성적인 것은 현실적인 현존재(現存在)에도 존재하는데 이 현존재는 그렇게만 존재하고 그 이외의 것이 되지는 못하며, 또한 우리들에게 경험된 법칙성에는 복종하나 다른 법칙성에는 복종하지 않는다. 또 비이성적인 것은 종교적 계시(啓示)의 신앙 내용에도 존재한다. 또한 존재를 순수한 합리성으로 용해시키려고 하는 모든 철학적 사유도 어쩔 수 없이 비이성적인 것을 갖게 된다. 비록 무차별적인 물질, 원초적 사실(原初的事實), 충동, 우연의 잔재(殘滓)로 환원된 것이기는 하지만.

'의지'는 지적(知的) 가능성을 모두 정복하려고 한다. 이성에 찬성하는 투쟁과 이성에 반대하는 투쟁이 일어난다. 순수하고 명료한 이성이 파악한 것에서 안정(安靜)을 얻으려고 하는 열망에 대하여 이성을 파괴하고, 또한 이성의 한계를 드러내려 할 뿐 아니라, 이성을 노예화하려는 열망이 대립한다. 인간은 불가해한 초감성적(超感性的)인 것에 복종하고 싶어하는데, 이 초감성적인 것은 인간이 말하는 명제(命題)를 통해서 어떤 요구를 내세우며 세계에 나타난다. 또는 인간은 충동이나 열정 등 자연적인 상재(相在, Sosein)에, 지금 여기 있는 것의 직접성에 복종하려고 한다. 그러나 이러한 여러 가지 열망은 이러한 열망에 속하는 철학적 사유에 있어서 역시 비이성적인 것에 대한 지식으로 해석된다. 곧 비이성적인 것, 반이성적인 것, 초이성적(超理性的)인 것으로 추락하는 것은 이러한 것들에 관한 앎임을 스스로 말하고 있는 것이다. 그러나 이성에 대한 가장 철저한 반항에서조차도 최소한의 합리성은 남아 있다.

어떻게 모든 사유(思惟)의 근저에 이성과 비이성의 다의적(多義的)인 구별이 스스로 나타나는가 하는 것을 보이기 위해서는 철학사에 언제나 현존하는 원리를 바탕으로 철학사를 서술할 필요가 있을 것이다. 우리는 몇 가지 선택된 항목을 회상하기로 한다.

그리스 사람들에게는 이미 이러한 존재문제가 신화(神話)에 나타나 있었다. 이 나라의 여러 신의 명석성은 모이라(Moira)의 숭고한 불가해성(不可解性)을 그 앎과 능력의 한계로써 그 주위에 두고 있다.

철학자들의 대부분은, 부수적이기는 하지만 중요한 방식으로 그들의 이성이 접근하지 못하는 것을 다루고 있다.

소크라테스는 행동을 하고자 하는 경우 불가해한 다이모니온이 간지(諫止)하는 소리를 들었다.

플라톤은 병으로서는 이성보다 열등하지만 신의 작용으로서는 이성보다 우수한 광기(狂氣)를 알고 있었다. 오직 이러한 광기에 의해서만 시인이나 애인이나 철학자는 존재의 직관에 이른다.

아리스토텔레스에 따르면 인사(人事)의 관련에 있어서 행운은 이성적인 숙고에 의해 얻어지는 것이지만 그러나 그것이 전부는 아니다. 행복은 계산에 어긋나게 또는 계산 없이 생기기도 한다. 아리스토텔레스에 있어서 숙고하는 이성보다 더 좋은 원리를 가진 인간이 있다. 그들은 알로고이(Alogoi)다. 그들에게 있어서 계획은 이성(理性) 없이, 또는 이성에 반대하여 달성되는 것 같다.

이러한 예는 존재에 가상(假象)〔파르메니데스〕을, 존재자에 공허〔데모크리토스〕를, 본래적인 존재에 비유(非有)〔플라톤〕를, 형상에 질료(質料)〔아리스토텔레스〕를 대립시킨 그리스적 사유의 일반 형식과 조화를 이룬다.

그리스도교의 근거에 있어서 이성과 비이성의 대립은 개인의 내면에 있어서의 이성과 신앙의 대립으로 전개된다. 이성이 접근할 수 없는 것은 오직 타자(他者)로 고려될 뿐 아니라 그 자체가 더 높은 자의 계시가 된다. 세계를 관찰하는 데 있어서 비이성적인 것은 이미 어리석은 우연, 맹목적인 무질서, 또는 이성을 초월하는 놀라운 원리가 아니라 오히려 일체를 포괄함으로써 섭리가 된다. 이성적으로 통찰하지 못하는 신앙의 근본사상은 오직 반이성적인 이율배반에 의해서만 표현될 수 있을 뿐이다. 신앙 해석에 관한 모든 일의성(一義性)은 이교가 된다.

 '근세'에 있어서는 이와는 반대로 데카르트와 그의 모든 후계자들은 적어도 개인이 스스로 수행하는 존재에 대한 철학적 고찰에 있어서는 이성의 근거를 철저히 이성 자체에만 두려고 하였다. 데카르트는 사회나 국가나 교회에 대해서는 취급하지 않았으나 결과적으로는 다음과 같은 계몽주의의 태도가 생겼다. 곧 내가 타당하게 생각하는 것과 내가 경험적인 연구에 의해 인식하는 것을 갖고 나는 바른 세계구조를 파악할 수 있다는 것이다. 어떠한 전제도 갖지 않은 보편타당성이라는 의미의 이성적 인식은 인간생활 일반의 충족적 근거이다. 이러한 이성철학—그것이 합리주의 또는 경험주의의 어느 것으로 분류되든—에 반대하여, 스스로도 철저히 합리성을 소유하면서도 동시에 이성의 한계와 또한 이성보다 중요하며, 오히려 이성 자신을 처음으로 가능하게 하고 또 구속하는 타자를 보는 사람에 의해 처음부터 반격이 일어났다. 데카르트에 대해서는 파스칼이, 데카르트와 홉스와 그로티우스에 대해서는 비코(Vico:1668~1744년)가, 로크와 라이프니츠와 스피노자에 대해서는 베일(Bayle:1647~1706년)이 대립하였었다.

17, 18세기의 철학적 사유는 이 엄청난 대립 속에서 수행된 것 같다. 그러나 사상가들은 화해하지 못했으며 그 사상은 서로 배타적으로 대립하였다.

이러한 사고의 세계와는 구별되어, 이성 그 자체 안에서 이성 이상의 것을 보려고 함으로써 화해를 찾으려고 한 '독일 관념론'의 놀라운 철학적 시도가 있었다. 종래의 모든 가능성을 넘어서서 독일철학은 그 위대한 시대에 있어서 하나의 이성개념(理性槪念)을 전개하였는데, 이 이성개념은 역사적으로는 독립적인 것이나 칸트에 의해서 새로운 출발점이 마련된 것이며, 그 후 헤겔에 의해서 환상적인 구조로 소실되었으나 피히테와 셸링에 의해 이 환상적인 구조는 다시금 돌파되었다.

우리는 수세기 동안의 사유를 개관하기로 하자. 어떠한 시대에 있어서나—비록 언제나 이성에 대한 타자가 출현하기는 했지만—이러한 비이성적인 것은 이성적인 파악의 과정에서 이성으로 변하든지 또는 그 장소에 있어서 한계로서 승인되었으며, 그 후에는 그러한 결과에 있어서 이성 자신에 의해 저지되고 한정되거나, 또는 하나의 새롭고 보다 좋은 합리성의 원천으로서 경험되고 전개되었다.

이 시대의 사유의 근저에는 온갖 불안이 있음에도 불구하고 항상 결코 완전히 그리고 철저히 의문되지 않는 이성의 안정이 있는 것 같다. 모든 존재의식은 궁극적으로 이성 또는 신에 근거를 두고 있었다. 모든 회의는 의심할 여지가 없는 자명성에 포괄된다. 그렇지 않으면 회의는 고유한 자기 이해에 도달하지 못한 전혀 개인적이며 역사적으로 효과를 잃은 돌파가 된다. 합리성에 대한 모든 반작용(反作用)은 마치 앞으로 닥쳐올지도 모르나 아직은 닥치지 않은 폭풍우를 알리는 먼 천둥소리와 같다.

그러므로 파르메니데스와 헤라클레이토스로부터 헤겔에 이르는 서양철학의 위대한 역사는 하나의 일관되고 완결된 통일체처럼 보인다. 그 위대한 여러 형태들은 오늘까지도 전통 속에 간직되어 있으며, 철학적 사유가 붕괴에 직면하면 철학의 참된 구제로 다시금 각성되는 것이다. 최근 한 세기 동안, 차례로 각각의 철학자들이 특수 연구와 학설의 재생의 대상이 되고 있다. 우리는 학설이라는 의미에서는 과거의 학설의 전체를 이전의 위대한 철학자들이 알고 있었던 것보다도 더 잘 알고 있다. 그러나 학설이나 역사가 단순한 지식으로 바뀌고 있다는 의식, 생활 자체와 실제로 신앙되던 진리로부터 유리되고 있다는 의식은 이러한 전통으로써 철학적 사유의 진리가 이미 파악되었으며, 또 이러한 전통에서 완결되었다고 하는 한에 있어서는 이러한 전통—그것이 비록 위대하고 또 많은 만족을 주었으며 오늘날에 주고 있다 하더라도—을 궁극적인 의미에서는 의심하고 있다.

왜냐하면 서양인의 현실에 있어서는 온갖 정적(靜寂) 속에서도 무엇인가 무서운 일, 곧 모든 권위의 붕괴, 이성에 대한 오만한 신뢰의 철저한 환멸, 모든 것을—전적으로 모든 것을 가능케 하는 것같이 생각되는 결합의 분해 등이 일어나고 있기 때문이다. 낡은 말을 갖고 일을 한다는 것은 마치 폭발하려는 카오스의 여러 힘을 우리의 불안한 눈으로부터 감추려고 하는 단순한 베일이며, 아직도 얼마 동안 지속될 기만 이외의 다른 힘은 갖고 있지 못한 것이다. 이러한 '낡은' 말이나 학설을 정열적으로 부활시키는 것은 그것이 성실하고 선량하게 생각된다 하더라도 본래적인 효과가 없는 무력한 외침에 그치는 것 같다. 철학적 사유는 그것이 참된 것이면 새로운 현실로부터 성장하고 또한 그 자체가 현실 속에 있는 것이어야만 할 것이다.

2 키에르케고르와 니체

 현대의 철학적 상황은 그들이 생존하고 있을 때는 손꼽히지 못했으며, 그 후에도 오랫동안 철학사에 아무런 영향도 주지 못하던 두 철학가 키에르케고르와 니체가 그 의미를 끊임없이 증대시키고 있다는 사실로써 규정된다. 헤겔 이후의 모든 철학자들이 키에르케고르와 니체와는 대조적으로 점점 퇴색하는 데 반해, 이 두 철학자들은 오늘날 실제로 의심할 바 없이 그들 시대의 본래적으로 위대한 사상가로서 현존한다. 그들의 영향과 마찬가지로 그들에 대한 반대가 이를 증명한다. 어째서 두 철학자는 현대의 무시할 수 없는 존재가 된 것인가?

 철학적 사유와 현실 생활의 상황에 있어서 키에르케고르와 니체는 운명의 표현처럼 나타났는데, 이 운명 그 자체에 대해서는 당시 아무도—순간적이며 곧 다시 잊혀질 예감을 제외하고는—알지 못했으나 다만 그들이 이 운명을 이해하였던 것이다.

 이 운명이 본래적으로 무엇인가 하는 문제는 오늘날 아직도 해결되지 않은 채 남아 있다. 이 문제는 두 사상가의 '비교'에 의해서 해결되지는 않지만 더욱 분명하고 더욱 절실하게 된다. 그들 상호간에는 어떠한 영향도 있을 수 없었기 때문에, 그리고 그들의 차이점이 그들의 공통점을 더욱 인상깊게 하기 때문에 이러한 비교는 더욱 중요하다. 그들의 유사점은—유사점을 기반으로 보면 차이점은 이차적인 의미밖에 갖지 못한다—그들의 생활과정 전체에 있어서, 그리고 그들의 사상의 특수성에 이르기까지 매우 절실해서, 그들의 세기의 정신적 상황의 필연성이 그들의 본질을 만들어 낸 것처럼 보일 정도이다. 그들로 말미암아 서양의 철학적 사유에는 충격이 일어났는데 이 충격의 궁극적인 의미는 아직 평가될 수 없다.

그들에게 공통된 것은 그들의 사유와 '인간존재'이고, 양자는 이 '시대'의 순간과 불가분리의 관계를 갖고 있으며, 그들 자신도 그렇게 이해하고 있었다. 그러므로 우리는 첫째 그들의 '사유'에 있어서, 둘째 '그들의 사유하는 실존의 현실성'에 있어서, 셋째 그들의 '자기 이해'의 양식에 있어서 그 공통점을 묘사하려고 한다.

키에르케고르와 니체의 思惟의 공통점

이성에 대한 의문

그들의 사유는 새로운 분위기를 창조하였다. 그들은

그들 이전에는 아직도 자명하던 모든 한계를 넘어선다. 마치 그들은 사상에 있어서는 두려운 것이 하나도 없는 듯하다. 존속하는 모든 것은 마치 흡인력에 의해서 현기증을 일으키는 운동 속으로 끌려들어가 탕진되고 마는 듯하다. 키에르케고르의 경우는 무와 같고 또한 부정(배리와 순교자)이나 부정적인 결단에서만 나타나는 초속적인 그리스도교의 흡인력에 의해서, 그리고 니체의 경우에는 거기로부터 절망적인 폭력에 의해서 새로운 존재(영원회귀 및 이에 상응하는 니체의 학설)가 탄생되어야 할 진공의 흡인력에 의해서이다.

두 철학자는 실존의 깊이로부터 이성을 의심하였다. 단순한 이성에 대한 일관된 저항이 이렇게 높은 수준의 사실상 실현된 사유 가능성은 철저하게 수행된 적이 한 번도 없었다. 이러한 회의는 결코 이성에 대한 적대는 아니다.

오히려 두 철학자는 합리성으로 모든 양식을 무제한으로 획득하려고 한다. 이러한 회의는 감정철학(感情哲學)은 아니다. 두 철학자는 끊임없이 표현으로서의 개념에 육박하기 때문이다. 이러한 회의는 결코 독단적 회의주의는 아니다. 오히려 그들의 사유 전체는 본래적인 진리를 지향한다.

정신적으로 숭고하며 평생 철학적 사유의 진지성을

지켜온 사람으로서 그들은 약간의 학설, 하나의 근본 입장, 하나의 세계상을 세우지 않고 오히려 무한한 반성을 매개로 하여 인간의 새로운 '사유의 전체적 태도'를 보여주었는데, 무한한 반성은 반성으로서는 어떠한 지반도 획득할 수 없음을 자각하고 있는 것이다. 개별적인 것은 결코 그들의 본질을 나타내지 못하여 어떠한 확정된 학설이나 요구도 개별적이고 고정적인 것으로서는 그들로부터 이끌어내지 못한다.

과학적 인간에 대한 의심

두 철학자는 그들의 진리의식(眞理意識)으로부터 과학적인 지식이라는 소박한 형태의 진리를 의심한다. 그들은 과학적 통찰의 방법적 정당성을 의심하는 것은 아니다. 그러나 키에르케고르는 박식한 교수들에 대해 놀란다. 박식한 교수들은 대부분 세상이란 이같이 계속되고, 또한 그들에게 오래 사는 것이 허용된다면 그들은 계속적인 직선적 향상을 통해서 점점 더 많은 것을 알게 되리라는 공상을 갖고 살아가며 또 죽고, 또한 비판적 관점이 생겨 전환이 일어나서, 그 후 더 많은 것을 알게 됨에 따라 우리가 파악할 수 없는 어떤 것이 현존한다는 것을 알게 되는 성숙을 그들은 체험하지 못한다고.[1] 그는 여러 가지 발견과 정신적 풍요성에 의해서 전세계를 매혹하고 전자연을 설명하면서도 자기 자신은 이해하지 못하는 것을 가장 두려운 생활방식이라 생각한다.[2] 니체는 자기 행위의 본래적인 의미를 전혀 모르며 자기 자신을 알지도 못하며, 궁극에 가서는 무의미해질 지식을 갖고 존재 자체를 파악했다고 생각하는 학자의 유형을 끈질기게 자세히 분석한다.

체계에 대한 반대

진리의 전체적인 전달 가능성으로서의 자기 완결적(自己完結的)인 합리성에 대한 의문은 곧 철학자를 체계—곧 철학이 수세기에 걸쳐 가져왔고, 또 독일 관념론에서 마지막 빛을 철학의 체계—에 대한 철저한 적대자로 만든다. 그들에게 체계란 현실로부터의 이탈을 뜻하므로 허위이고 기만이다. 키에르케고르는 현존재는 신에 대해서는 체계일 수 있으나 실존하는 정신에 대해서는 체계일 수 없다는 것을 알고 있다. 체계와 완결은 서로 일치하지만, 현존재는 이와는 정반대의 것이다.[3] 체계의 철학자는 인간으로서는 마치 성을 짓고도 옆의 헛간에 살고 있는 사람과 같다. 이와 같이 환상적인 존재는 스스로 자기가 생각하는 것 가운데서 살고 있는 것은 아니다. 그러나 한 사람의 사상은 그가 살고 있는 집이 아니면 안 된다.[4] 그렇지 않으면 잘못을 범하게 된다. 철학이란 무엇인가? 그리고 과학이란 무엇인가? 하는 철학의 근본 문제가 새롭고 준엄하게 제기된다.

니체는 데카르트보다 더 의심하려 하고,[5] 또한 헤겔의 이성을 발전시키려 하는 좌절된 시도에서 고딕 양식의 몽상을 본다.[6] 그에게 있어서 체계에의 의지는 성실성의 결핍을 의미한다.[7]

해석으로서의 존재

그러나 본래적인 지식이란 무엇인가 하는 문제에 대해 두 철학자는 동일한 방식으로 말하고 있다. 그들에게 있어서 본래적인 지식은 오직 해석일 뿐이다. 또한 그들은 그들 자신이 사유하는 것도 해석하는 것임을 이해한다.

그러나 해석에는 끝이 없다. 니체에 의하면 현존재는 무한한 해석이 가능하다. 키에르케고르에 의하면, 야기되거나 실행된 것은 언제나 새로운 이해가 가능하다. 곧 그것이 해석될 때, 그것은 아직껏 은폐되었던 새로운 현실성이 드러나는 것이다. 그러므로 시간성(時間性)에 있어서의 삶은 인간에게는 결코 옳게 이해되지 못하며 어떠한 인간도 절대적으로 자기의 의식은 통찰하지 못한다.

두 철학자는 존재에 대한 앎으로서 해석의 비유를 이용하지만, 그러나 마치 존재가 해석에 있어서 판독되는 것과 같은 방식으로 이용된다. 니체는 기본적 원전(原典)인 자연적 인간(homo natura)으로부터 여러 가지

채색을 벗겨내고 그 현실을 읽으려고 한다.[8] 키에르케고르는 개인적이며 인간적인 실존적 관계의 원문을 다시 읽으려고 한다는 것 이외의 어떠한 의미도 그의 저술에 부여하지 않는다.[9]

가 면

두 철학자—가장 개방적이고 또 가장 냉담한 사상가인—가 은폐나 가면에 대한 잘못된 용의를 갖고 있는 것도 이러한 근본 사상과 관련이 있다. 그들에게 있어서 가면은 필연적으로 진리에 속한다. 그들에게 있어서 간접적 전달은 본래적인 진리를 전달하는 유일한 형식이다. 그리고 간접적 전달은 표현으로서는 시간적 존재에 있어서의 이러한 진리의 비결정성에 속하며, 시간적 현존재에 있어서는 생성되고 있는 진리는 각각의 실존의 근원으로부터 파악되지 않으면 안 되는 것이다.

존재 자체

사실 두 철학자는 그들의 사유 과정에서 아마도 인간에 있어서 존재 자체일지도 모를 근거에 부딪힌다. 키에르케고르는 '사유는 존재이다'라고 말해온 파르메니데스로부터 데카르트를 넘어 헤겔에 이른 철학에 반대하고, '네가 믿는 바와 같이 너는 존재한다. 신앙은 존재이다'[10]의 명제를 세운다. 니체는 권력에의 의지를 발견한다. 그러나 신앙이나 권력에의 의지는 단순히 표지 (標識, Signa)에 지나지 않으며, 그 자체는 말하고자 하는 것을 직접 나타내는 것이 아니라, 오히려 다시 무한한 해석이 가능한 것이다.

성실성

이때 두 철학자에게 있어서 결정적인 충동은 '성실성'이다. 이 말은 그들에게 있어서는 그들이 복종하는 최후의 덕을 공통적으로 표현하는 것이다. 그들에게 이 덕은 무제약성에서 최소한으로 남게 되며 무제약성은 모든 내용이 의심스러운 가운데서도 역시 가능하다. 그들에게 있어서 이 덕은 자기 자신을 의심하게 하는 진실성의 현기증을 일으키는 요구가 되며, 이 진실성은 참〔眞〕을 일의적으로 야만적인 확실성에서 소유하려고 하는 합법적인 폭행과는 전혀 다른 것이다.

그들의 독자

우리는 이러한 사유에 있어서 도대체 어떤 것이 말해지고 있는가라고 물을 수 있다. 실제로 키에르케고르와 니체는 이미 그들의 사유의 이해는 오직 사유할 뿐인 인간으로서의 인간에게는 가능하지 못하다는 것을 알고 있다. 그러므로 인간으로서 이해하는 자가 누구인가 하는 것이 문제가 된다.

그들은, 그들이 오직 간접적으로 말할 수 있을 뿐인 것을 자기 자신으로부터 찾아내거나 생산하지 않으면 안 되는 개인을 향해 말하고 있다. 키에르케고르에 대해서는 그 자신이 인용한 다음과 같은 리히텐베르크의 말이 타당하다. 곧 '이러한 작품은 거울이다. 원숭이가 들여다보면, 천사가 내다보는 일은 있을 수 없다.'[11] 니체는 그를 이해한다는 것은 사람들이 스스로 획득한 명예에 틀림없다고 말한다.[12] 그는 사고방식이 저급한 곳에서 진리를 가르친다는 것은 불가능하다고 천명한다.[13] 두 철학자는 그들을 이해하는 독자를 찾고 있다.

그들의 사유하는 실존의 현실성

시 대

키에르케고르와 니체의 실존이 그들의 고유한 방식에 의해 현대에 속하는 한에서는, 앞에서 말한 특징을 갖는 사유의 양식은 키에르케고르와 니체의 실존에 근거를 두고 있다. 그들에게 있어서는 어떠한 개별적인 사상, 어떠한 체계, 어떠한 요구도 그 자체로서는 결정적인 것이 될 수 없다는 것은, 이 두 사상가가 한 시대를 그 절정까지 이르게 하지 않는다는 것, 그들은 어떠한 세계도 건설하지 않으며 소멸하는 세계를 다시금 형상(形象)으로 만들어내지 않는다는 것에서 유래한다.

그들은 스스로를 그들의 시대의 긍정적 표현이라고 느끼지는 않는다. 오히려 그들은 지금 있는 것, 곧 그들이 비난하고, 또 몰락하는 것을 투시하고 있는 시대를 그들의 존재를 통해 '부정적'으로 표현한다. 그들의 과제는 이 시대의 경험을 그 고유한 본질에 있어서 최후까지 실현시키고, 또 그 시대의 현실을 극복하기 위하여 완전히 현실 자체가 드러나게 하는 데 있는 것 같다. 그것은 처음에는 그들이 원하지도 않는 사이에 이루어졌으나, 그 후에는 그들이 시대의 대표자가 아니라 충동과 분노를 일으키는 예외자라는 사실에 의해 의식적으로 달성된다. 이 문제를 좀더 자세히 살펴보자.

그들의 과제

두 철학자는 비록 막연하기는 하지만 이미 청년기 말기에 그들의 과제를 의식한다. 모든 인간을 엄습하며 조용하고 가끔 이미 의식되지 않는, 그러나 다음에는 그들 자신에 의해서 강요되는 '결정'이 그들을 철저한 고독 속으로 몰고 간다. 아무런 지위도 없고, 결혼도 하지 않았으며, 현존재에 있어서 아무런 유능한 활동도 하지 않았음에도 불구하고 그들은 위대한 리얼리스트로서 본래적이며 깊은 곳에서 일어나고 있는 현실에 대한 느낌을 갖고 있는 것 같다.

인간 본성의 실체적 변화에 대한 관찰

그들은 몰락하고 있는 시대에 대한 그들의 근본적 경험에서 이러한 현실에 마주친다. 곧 그리스 문화의 초기에 이르기까지의 수천년 간을 회상함으로써 그들은 이러한 역사 전체의 종말을 감지(感知)한다. 전환기에 있어서 그들은 역사의 의미와 과정을 전체적으로 개관하려 하지 않고 순간을 주시한다.

사람들은 이 시대를 경제적·기술적·역사적·정치적·사회적으로 이해하려고 하였다. 이와는 반대로 키에르케고르와 니체는 인간 본성에 있어서의 실체적인 경과를 관찰하려고 생각한다.

키에르케고르는 오늘날 활동하고 있는 그리스도교 전체를 거대한 기만으로 보며, 이 기만 속에서 신은 바보로 여겨진다. 이러한 그리스도교는 신약성서의 그리스도교와는 아무런 관계도 없는 것이다. 길은 두 갈래밖에 없다. 하나는 책략을 써서 기만을 유지하고 실정을 은폐하는 것—이렇게 되면 모든 것은 끝난다—이다. 또 하나는 현재는 사실상 신약성서의 의미에 있어서 그리스도교도에게 이바지하는 개별자는 한 사람도 없고, 오히려 기독교의 경건한 쇠약만이 남아 있다고 정직하게 참상을 고백하는 것이다. 이러한 고백에 의해서 이와 같은 정직에 진실한 것이 있는지 없는지, 또 그것이 섭리의 갈채를 받을 수 있는지 없는지 하는 것이 밝혀질 것이다. 참된 것도 섭리의 갈채도 없는 경우에는 다시금 모든 것은 붕괴되고, 따라서 이 공포 속에서 다시금 신약성서의 기독교를 견디어낼 수 있는 개별자들이 탄생한다.[14)]

니체는 시대의 역사적 사실을 '신은 죽었다'는 한 마디로 표현한다.

또한 두 철학자의 공통점은 그 실체적 근거에 있어서의 시대에 대한 역사적 진술이다. 그들은 박두하고 있는 무(無)를 보는데, 상실된 것의 실체에 대한 앎을 갖고 또 '무를 원하지 않는다'는 태도로써 '무'를 본다.

키에르케고르가 그리스도교의 진리 또는 그리스도교의 진리의 가능성을 전제하였고, 이와는 반대로 니체가 무신성(無神性)을 오직 상실로써 확인할 뿐 아니라 가장 위대한 기회로 파악한다면, 그들에게 공통된 것은 존재의 실체에의 의지이며 인간의 우월과 가치에 대한 의지이다.

그들은 어떠한 정치적인 개혁의 계획이나 일반적으로 어떠한 계획도 세우지 않았다. 또한 어떤 개별적인 것을 목표로 하지도 않으며, 오히려 그들의 사유에 의해서 그들이 확정된 형태로는 예견할 수 없는 어떤 일을 일으키려고 한다. 니체에 있어서 이러한 애매성은 장기적으로 그의 '위대한 정치'이며, 키에르케고르에 있어서는 모든 세계 존재에 무관심하다는 새로운 형태로 그리스도가 되는 것이다. 그들은 시대와 직면하여 인간은 무엇이 될 것인가 하는 사념에 사로잡혀 있었다.

시대적 유행의 극복

그들은 전도된 형태의 시대적 유행(Modernität)이다. 그들은 시대의 유행을 최후까지 철저하게 체험하였기 때문에 이를 좌절하면서 극복하였다. 그러나 대부분의 사람은 중도지폐에 그치는 것을 전적으로 수행함으로써 어떻게 급박한 시대를 수동적이 아니라 스스로 행동하면서 체험하였는가 하는 것을 우리는 첫째 그들의 '무제한한 반성'에서, 다음에는 그들의 근원에의 돌진으로서의 반성에 대한 반동에서, 그리고 마지막으로 그들이 어떻게 무저적(無底的)인 것에 침몰하면서 초월자에게서 기반을 파악했는가 하는 방법에서 본다.

(1) 무제한한 반성. 반성의 시대는 피히테 이래로 속박 없는 논의로서, 모든 권위의 해체로서, 사유에 기준과 목적과 의미를 주는 내용의 포기로서 특징지어졌고, 그 결과 아무런 방해도 받지 않고 지성의 방자한 유희로서 세계를 소란과 혼돈으로 채웠다.

그러나 키에르케고르와 니체는 반성을 절멸시키기 위해서 이를 공격한 것이 아니라, 그들은 반성 자체를 무제한하게 실행하고, 이를 지배함으로써 반성을 극복하려 했다.

인간은 자기 자신을 상실하지 않고는 무반성적인 직접성에 돌아가지 못하며, 인간은 반성을 파괴하는 대신 이를 매개로 자기 자신의 근거에 이르기 위하여 그 길을 최후까지 갈 수 있다.

그러므로 그들의 '무한한 반성'은 두 가지 성격을 갖는다. 반성은 완전한 멸망이 되는 것과 마찬가지로 참된 실존의 조건이 되기도 한다. 두 철학자는 모두 이 점을 말하는데 키에르케고르는 더욱 명백히 지적한다.

반성은 소진(消盡)되거나 스스로 억제하지 못한다. 반성은 모든 결단을 방해하기 때문에 불성실하다. 반성은 결코 완성되지 않으며, 결국 '변증법적인 요설'[15]이 될 수 있다. 그러므로 키에르케고르는 반성을 '반성의 독'이라고 부른다. 그러나 반성이 가능하고 필연적이기조차 하다는 것은 우리에게 대해서 모든 현존재와 행위가 무제한한 다의성을 갖고 있다는 데 근거를 두고 있다. 반성에 있어서 모든 것은 언제나 어떤 다른 것을 의미할 수 있는 것이다. 이러한 상황은 한편으로는 현존재의 궤변술(詭辯術)을 가능하게 하고 또한 모든 것을 항상 새로운 방식으로 흥미에 따라 향락하려고 하는 비실존적인 미적(美的) 인간에게 유리한 것이 된다. 곧 미적 인간이 매우 결정적인 행동을 취한다 하더라도 그는 모든 것을 한꺼번에 변경할 수 있다고 사물을 해석할 가능성을 보류하고 있다.[16] 한편으로 이러한 상황은 우리가 정직한 한에서는 우리는 '아무도 간단히 다른 사람에게 말을 건넬 수 없고 또한 모든 항로 표지가 변증법적인 반성의 바다'[17]에 살고 있음을 알기 때문에 진실하게 파악되기도 한다.

무한한 반성이 없으면 우리는 마치 영속적인 것으로서 세계에 있어 절대적인 것처럼 보이는 고정적인 것에 안주하게 될 것이다. 곧 미신적(迷信的)으로 될 것이다. 이러한 고정화(固定化)로 말미암아 부자유한 분위기가 성립한다. 그러므로 무한한 반성은 무제한하게 움직이는 변증법에 의해서 자유의 조건이 된다. 반성은 유한한 것의 모든 감옥을 깨뜨린다. 반성의 매개에 의해 비로소 무의미적인 것으로서 아직은 자유롭지 못한 직접적인 정열로부터 무한한 정열이 생기며, 이 무한한 정열에 있어서 직접적인 정열은 물음에 의해 확정되며, 자유롭게 파악되는 것으로서 본래적인 성실이 된다.

그러나 이러한 자유가 공허한 반성에서 무가 되지 않고 충만되기 위해서는 무한한 반성이 좌초하여서는 안 된다.[18] 그때 비로소 반성은 어떤 것으로부터 출발하거나 또는 결단과 신앙의 결정에 있어서 스스로를 없애게 된다. 반성의 자의적이며 강제적인 정지가 참되지 못한 것과 마찬가지로 그것에 의해서 반성 자체가 실존을 맞이하는 것에 의해 지배되는 근거는 참되며, 이 근거에 있어서 비로소 실존이 증여되고 따라서 반성은 스스로를 무한한 반성에 맡김으로써 무한한 반성을 지배한다.

무로 분해될 수도 있으며 실존의 조건이 될 수 있는 반성은 키에르케고르와 니체에 의해 동일한 특징이 주어진다. 그들은 반성에 의해서 저술에 나타난 사유에 거의 무한한 풍요성을 실현시켰다. 그러므로 이러한 사유는 그 의미에 따르면 가능성이다. 곧 이러한 사유에 있어서 좌초가 예고되고 또 가능해지지만, 그러나 이미 이루어진 것은 아니다.

그러므로 두 철학자는 그들의 사유에 있어서 인간의 가능성에 대한 앎을 의식하고 있으며, 그들이 이러한 앎을 사유하는 한 그들은 인간의 가능성을 실현하고 있지 못하다는 것을 의식하고 있다. 가능성에 있어서 의식적으로 안다는 것은—시적 창작과 마찬가지로—참되지 못한 것이 아니라 오히려 각성적이며 회의적인 반성이다. 가능성은 내가 아직 그것이 아닌 것에 대한 지적 욕구의 형식이며 존재 자체에 대한 용의이다.

키에르케고르는 흔히 그의 방법을 '실험적 심리학'이라고 부르고, 니체는 그의 사유를 '시도적(試圖的)'이라고 부른다.

그러므로 그들은 즐겨 '그들의 본심'이나 그들이 궁극적으로 생각한 것을 알아보지 못하도록 '은폐'하고 또 그 현상에 있어서는 파악하기 힘들게 뭉그러뜨린다. 키에르케고르의 익명은 이렇게 쓰고 있다. '나 자신인 어떤 것, 그것은 바로 무이다.' 그의 실존을 비판적인 제로의 위치에 두는 것—어떤 것과 무 사이에 단순히 '아마도로 두는 것'은 그에게 커다란 만족을 준다.[19] 그리고 니체는 즐겨 자신을 '「아마도」의 위험한 철학자'[20]라 부른다.

두 철학자에게 특히 반성은 자기 반성이다. 그들에게는 자기 자신을 이해하는 것이 진리의 길이다. 그러나 그들은 모두 이 길에서는 자기 자신의 실체가 사라져버리고 자유롭고 창조적인 자기 이해가 자기 자신의 경험적 현존재의 둘레를 도는 부자유스런 회전에 의해 대체될 수 있다는 것을 경험한다. 키에르케고르는 모든 것이 '자기의 비참한 이야기를 병적으로 숙고한 나머지 사라져버리'는 경우, 그것이 무서운 일이라는 것을 알고 있다. 그는 마치 언제나 변하지 않는 유일한 인간이 우리들인 양 생각하며 자기 자신을 소모하는 것과 일반적인 인간의 공동의 난파(commune naufragium)에 대한 가련한 위로 사이에서 길을 찾는다.[21] 그는 '모든 것의 불행한 상대성, 나는 무엇인가에 대한 끝없는 물음'[22]을 알고 있다. 그러나 니체는 다음과 같이 말한다.

> 백 개의 거울 사이에서
> 너는 너 자신을 모른다……
> 자기 새끼로 자기 목을 졸라매는
> 자기를 아는 자여!
> 자기를 학대하는 자여!
> 두 개의 무(無) 사이에서
> 하나의 의문부호[23]……

(2) 근원에의 갈망. 시대는, 그 반성과 합리적인 언어의 다양성에서 이미 자기 자신을 가려낼 수 없게 되자, 반성으로부터 벗어나 '근원'을 갈망하게 된다. 키에르케고르와 니체는 이 점에서도 선구자인 것 같다. 다음 세대에 이르러서야 비로소 근원적인 것을 언어적 표현에서, 직접적인 충동의 미적인 매력에서, 일반적인 단순성에서, 무반성적인 체험에서, 가까운 사물의 현존재에서 일반적으로 추구하였다. 이에 대해 이미 키에르케고르와 니체는 이바지하고 있는 것 같다.

두 철학자는 정열적인 사랑을 인간의 전달 가능성의 원천에 기울이며 의식적인 삶을 영위한다.

그들의 여러 저술이 그 국민에 의해 쓰여진 것 가운데서 최고봉에 놓일 정도로 그들은 '창조적인 언어'를 사용한다. 그리고 그들은 스스로 이러한 사실을 의식하고 있다. 그들은 매혹적인 방법으로 언어를 사용하기 때문에 그 내용의 중요함이나 참된 이해가 어렵다는 점은 다른 위대한 철학자의 저술과 마찬가지임에도 불구하고 그들은 가장 많이 읽히는 저술가가 된 것이다. 그러나 그들은 언어의 독립성을 알고 있으며, 따라서 문단을 경멸한다.

그들은 열광할 만큼 음악에 사로잡혔다. 그러나 그들은 음악의 유혹을 경계한다. 따라서 플라톤이나 아우구스티누스와 마찬가지로 음악에 대한 실존적인 회의주의자에 속한다.

그들은 곳곳에서 충격적인 단순성에 도달한다. 그러나 그들은 쇠약과 평범에 기만적인 지반(地盤)을 주기 위하여 정신 상실적인 단순화에 의해 참된 단순성을 대체하는 간결성에 충분한 우려를 하고 있는데 참된 단순성은 가장 복잡한 형성과정의 소산으로서 합리적인 일의성이 없고 존재 자체처럼 개방적이다. 그들은 그들의 매우 명백한 듯한 명제들을 단순하게 받아들이지 않도록 그들 이전의 어떤 사상가보다도 강력하게 경고한다.

(3) 초월자의 기반. 그들은 사실상 가장 철저하게 근원에의 길을 가고 있으나, 그들에게 있어서 이 변증

법적인 운동은 결코 멈추지 않는다. 진지성은 억측된 근원의 독단적 확정이라는 착각에 의해서 지양되거나 또는 언어, 미학적 매력, 간결성을 목적으로 삼음으로써 지양되지 않는다.

두 철학자는 초월적인 기반이 주어지지 않는 한 견디어낼 수 없는 길을 가는 것이다. 왜냐하면 그들은 생명의 요구나 관심과 같이 자명한 한계를 가진 평범한 시대의 유행에 따라 반성하지 않았기 때문이다. 전부냐 아니면 무냐 하는 것이 문제였던 이들은 과감하게 한계를 허물어버린다. 그러나 이러한 일이 가능한 것은 오직 그들이 시초부터 그들에게 그때 이미 숨겨져 있던 것에 기초를 두고 있기 때문이다. 곧 그들은 청년시절에 '미지의 신'에 대해 말하고 있다. 키에르케고르는 아직 25세 때 '내가 나 자신을 내면적으로 이해한다는 것은 아직 요원한 일임에도 불구하고 나는…… 미지의 신을 외경한다.'[24]라고 썼다. 그리고 니체는 20세 때 처음으로 〈미지의 신에게〉[25]라는 놀랄 만한 시를 창작하였는데, 이 시는 이렇게 끝맺는다.

> 나는 당신을 알고 싶습니다. 미지의 자여
> 그대 깊이 나의 영혼을 사로잡은 자여
> 폭풍처럼 나의 삶 속을 떠돌아다니는 자여
> 그대 이해할 수 없는 자여, 나의 친척이여

나는 당신을 알고 싶고, 나 자신을 당신에게 바치고 싶습니다.

 그들은 무제한한 반성을 하기 때문에 결코 유한한 것, 파악된 것, 따라서 공허한 것에 머물러 있을 수 없다. 그러나 이와 마찬가지로 반성 자체를 감내할 수만도 없다. 정말로 그는 철두철미하게 반성을 수행했기 때문에, 키에르케고르는 이렇게 생각했다. '내가 나 자신을 종교적으로 이해할 수 없게 된다면, 나는 애들이 희롱하는 곤충과 같은 기분을 느낀다. 나에게는 현존재가 나를 무자비하게 다루는 것처럼 생각된다.'[26] 아무도 이해해주지 못하며 어떠한 사람과도 진실하게 결합되어 있지 않은 이 무서운 고독 속에서 그는 신에게 탄원한다. '하늘에 계신 신이여, 이러한 모든 것이, 거기서 잊혀질 수 있는 가장 내면적인 것이 인간에게 없다고 한다면 누가 이를 견딜 수 있을 것인가!'[27]라고.

 니체는 언제나 무한한 바다에 떠 있다는 것, 영원히 육지를 버렸다는 것을 자각하고 있다. 그가 고독으로 알고 있는 것은 단테나 스피노자에게는 결코 존재하지 않았다는 것을 알고 있다. 어쨌든 단테나 스피노자는 신과 교제하고 있었던 것이다.[28] 그러나 니체는 인간과 낡은 신을 잃고 그의 고독 가운데서 멸망하면서, 차라투스트라를 찾아내고 영원회귀(永遠回歸)를 사유한다. 그러나 이 사상은 그를 행복하게 만드는 동시에 그를 전율시킨다. 그는 끊임없이 치명상을 입은 사람처럼 산다. 그는 그의 문제 때문에 괴로워한다. 그의 사유는 분기이다. 곧 '내가 알고 있는 모든 것을 생각할 용기를 내가 가졌다면'[29] 하는 분기인 것이다. 그러나 무제한한 반성에 있어서 그에게는 그를 매우 깊이 만족시키고 사실상 초월적인 내용이 드러난다.

이와 같이 두 철학자는 초월자에로 비약한다. 그러나 사실상 아무도 그들을 따라갈 수 없는 초월자에의 존재로 비약한다. 곧 키에르케고르는 절대적인 역설로, 현세 포기의 부정적 결단으로, 그리고 필연적인 순교로 파악되는 그리스도교로, 니체는 영원회귀와 초인으로.

그러므로 니체 자신에게는 가장 깊은 사상이라 하더라도 그의 사상을 접할 때 공허가 우리를 엄습하고 키에르케고르의 신앙에서는 기묘한 낯설음이 엄습할 수 있는 것이다. 니체의 종교의 상징에 있어서, 우리가 그것을 직접적으로 받아들인다면 그의 내 자신에의 의지—사물의 영원한 순환 이외에 권력에의 의지, 존재에의 긍정, 욕구, 이러한 것은 깊고 깊은 영원성을 욕구한다—에는 어떠한 초월적 내용도 이미 존재하지 않는다. 오직 우회하고 노력함으로써 이러한 상징으로부터 본질적인 내용을 해석에 의해 명백하게 만들 수 있는 것이다. 신학의 심오한 여러 가지 공식에 새로운 생명을 불어넣은 키에르케고르의 경우, 신앙으로 자신을 강제로 이끌어가는 것은 아마도 믿지 않는 사람들로서는 들어본 적이 없는 기술처럼 보일 것이다.

키에르케고르의 그리스도교적 신앙과 니체의 무신성의 강조는 완전한 본질적 차이가 있는 것같이 보이지만 사실은 두 사람의 사유의 유사성이 여기에서 더욱 현저해진다. 마치 과거의 모든 것이 아직도 존속하고 있는 것처럼 보이지만 사실은 신앙 상실 속에서 사는 반성의 시대에 있어서 신앙의 배척이나 자기를 신앙에로 강요한 것은 상호 의존적이다. 신을 상실한 자기 신앙을 가진 것처럼 보이고, 신앙하는 자가 신앙이 없는 것처럼 보이기도 한다. 곧 양자가 동일한 변증법의 입장에 서 있는 것이다.

그들이 그들의 실존적 사유에서 나타내는 것은 그들의 '전통의 소유'가 완전하지 않고서는 가능하지 못했을 것이다. 그들은 고대에 바탕을 둔 교양을 충분히 갖추고 있다. 그들은 그리스도교적인 교육을 받았고, 그들의 동기는 그리스도교적 유래를 빼놓고는 생각할 수 없다. 그들이 수천년 간 그 형태가 인정되어 온 전통의 흐름에 반항하며 자기 자신을 정열적으로 방어한다 하더라도, 그들은 이러한 유래에서 역사적이며 불가결한 기반을 발견하는 것이다. 그들은 그들의 신앙을 충만시

켜주는 근원과 결부되어 있다. 곧 키에르케고르는 그가 이해하고 있는 바와 같은 신약성서의 그리스도교에, 니체는 소크라테스 이전의 그리스 정신에.

그러나 유한성에서도, 의식적으로 파악된 근원에서도, 규정적으로 파악된 초월자에서도, 역사적인 유래에서도, 어느 것에서도 그들은 궁극적인 기반을 찾지 못한다. 마치 그들의 현존재는 시대의 완전한 몰락을 최후까지 실현하였기 때문에 파괴된 현존재이며, 이러한 파괴 자체에 진리가 나타나는데, 이 진리는 파괴가 없으면 언어를 갖지 못하는 듯하다.

그들은 비록 그들의 본질의 주권을 일찍이 들어보지 못했을 만큼 확보했다 하더라도, 동시에 이로 말미암아 운명적인 세계 상실의 고독을 얻는다. 그들은 '추방된 자'와 같다.

예외자로서의 존재

어떠한 의미에 있어서나 그들은 '예외자'다. 그들은 육체적으로는 그들의 본질에 필적하지 못한다. 곧 그들의 외모는 비교적 평범하여 혼동을 일으키기 쉬우며, 인간적 위대성의 전형이라는 인상을 주지도 못한다. 마치 그들에게는 단순한 생명력이 약간 결여된 듯하다. 마치 그들은 세계를 상실하고, 세계에서 길을 잃고, 비현실적인 정신으로써 헤매고 있기 때문에 영원히 젊은 듯하다. 그들과 사귀는 사람들은 그들이 눈앞에 있을 때 수수께끼 같은 매혹을 느꼈으며, 어떤 순간에는 마치 보다 높은 현존재로 높여지는 듯했지만 아무도 그들을 정말로 사랑하지는 않았다.

그들의 생활과 태도에는 놀랍고 기묘한 특징이 있다. 사람들은 간단히 그들을 '정신병자'라고 불렀다. 정신병학적 분석에 의해 그들의 사유의 독특한 고도(高度)와 그 본성의 고상함이 훼손되지만 않는다면 사실상 그들은 정신병학적 분석의 대상이며, 오히려 그렇게 함으로써 비로소 그들의 본성의 고상함이 완전히 밝혀지겠지만, 그들을 정신병학적 분석에 의해 유형적으로 진단하고 분류한다는 것은 언제나 실패할 것이다.

그들은 이전의 어떠한 유형〔시인·철학자·예언자·성인·천재〕에도 속하지 않는다. 그들에 의해 인간의 현실의 새로운 형태가 역사에 나타난 것이다. 그들은 말하자면 다른 사람들을 위해 세계를 넘어선 여러 가지 경험으로 통하는 길을 가는 대표적 운명이요, 희생인 것이다. 그들은 끊임없이 그들의 본성을 전부 걸었기 때문에 마치 순교자의 현대적 형태인 듯한데, 그들은 순교자라는 것을 어디까지나 부정한다. 그들의 존재가 예외자라는 것에 의해서 그들은 그들의 사명을 수행하는 것이다.

그들은 용감하게 좌절을 수행하는 좌절자(挫折者)로서 대체할 수 없는 존재들이며, 우리는 그들에게서 우리의 방향을 찾고(orientieren) 우리는 그들을 통해서 그러한 희생이 없었더라면 결코 인지(認知)할 수 없을 어떤 것, 오늘날까지도 충분히 파악하고 있지는 못하지만 본질적으로는 우리들에게도 나타나 있는 어떤 것을 알게 된다. 마치 우리들의 존재의식 깊은 곳에서 공격적인 불안을 일으키는 진리 자체가 말하고 있는 것 같다.

또한 그들 '생활의 외면적 과정'에도 놀라운 유사점이 있다. 그들은 40대에 그들의 삶의 갑작스러운 종말을 맞았다. 사망 직전에—그들의 종말을 알지도 못하면서—그들은 공개적이며 정열적인 공격을 시작했다. 키에르케고르는 교회와 일반적인 불성실의 형태를 취하는 그리스도교에, 니체는 그리스도교 그 자체에.

그들이 처음 등장했을 때는 저술가로서 유명해졌으나 그 후 그들의 새로운 저술은 팔리지 않았다. 그들은 그들의 저술을 자비로 출판해야만 했다.

또한 '이해가 전혀 결여된 반향'을 얻었다는 점도 그들에게 공통되는 것이었다. 그들을 환영하지 않는 시대에 있어서 그들은 단순한 센세이션이었다. 언어의 아름다움과 화려함, 시적이고 문학적인 성질, 그 내용의 공격성, 이러한 것들이 갖는 매력은 오히려 그들의 본래의 동기를 이해하는 길을 막았다. 두 철학자는 사망하자 그들과는 전혀 관계가 없던 사람들에 의해 우상화되었다. 그들이 극복하고자 했던 시대는 그들의 사상에서 임의로 발췌한 사상에 의해 스스로를 달랜 셈이었다.

시대적 유행은 그들이 이를 방임하는 가운데 그들에 의해 양육되었다. 곧 그들의 반성은 무한한 반성의 진지성을 간직하는 대신, 자의의 언어를 구사하는 궤변술의 수단이 되었다. 또한 그들의 말과 그들의 전 생애는 훌륭한 미적 매혹으로 향락되었다. 또한 그들은 참된 진지성의 근원으로 인도되는 것이 아니라 오히려 자의를 위해, 자유로운 질을 얻으려는 남을 위해 모든 속박의 잔재를 몰아냈다. 그러므로 그들의 영향은 그들의 본성과 사유의 의도와는 반대로 무한히 파괴적인 것이 되었다.

그들의 자기 이해의 양식

혼동 가능성에 대한 반대

그들의 과제는 항상 따르는 반성에 의해 청년시대부터 그들 자신에게 더욱 명백해진다. 그들은 만년의 회상에서 그들의 저술을 전체적으로 해석함으로써 다시 자기 이해를 보여주는데, 이런 전체적 해석은 후세에 그들이 이해받기를 원하는 대로 실제로 이해되기 위해서는 불가피한 것이다. 그들의 모든 사유는 직접적으로 이해할 수 있는 것을 넘어서 다시금 새로운 의미를 얻게 된다. 그들 자신의 이러한 자화상은 그들의 저술과 불가분리의 관계에 있다. 왜냐하면 그들이 스스로를 어떻게 이해하는가는 부가적인 것이 아니라 그들의 전체적 사유의 본질적인 특성이기 때문이다.

두 철학자가 그들의 자기 이해를 총괄적으로 말한 공통된 동기 중 하나는 다른 사람과 혼동되어서는 안 된다는 의지이다. 그들은 혼동된다는 것에 대해 깊은 우려를 보인다. 이러한 우려 때문에 그들은 그들의 사상을 위해 새로운 전달 형식을 모색했을 뿐 아니라, 그들이 만년에 보여준 바와 같이 전체적 의미에 대한 직접적인 설명을 시도한다. 그들은 그들이 말한 것이 잘못 이해될 가능성이 있다는 것을 알고 있기 때문에 모든 가능한 수단을 다 써서 올바른 이해를 준비하는 데에 끊임없는 노력을 기울인다.

그들의 자아의식

그들은 시대를 투철하게 통찰하고 있다. 그렇기 때문에 그들은 시대를 극복하는 확실성을 갖고 현재 일어나고 있는 일, 곧 수천년 동안 계속되어온 생활양식의 종말을 현재의 현존재의 가장 개별적인 특성에 이르기까지 간파하고 있다. 그러나 동시에 아직은 그들 이외에는 아무도 갖지 못한, 즉 다른 사람들이 그리고 모든 사람들이 갖게 될 시대의식을 그들이 갖고 있다는 것을 그들 이외에는 아무도 간파하지 못한다는 것을 알고 있기 때문에 그들은 필연적으로 전대미문의 고양(高揚)된 자아의식에 빠지게 된다. 곧 그들의 실존은 특별한 상태에 있지 않으면 안 된다는 것이다. 그러나 그것은 단순한 정신적 우월—키에르케고르는 그가 만난 모든 사람에 대해, 니체는 대부분의 사람에 대해—이 아니라, (비록 그들이 이를 인정하지 않을 수는 없지만) 그들을 각기 독특하고 고독하며 세계사적인 존재자로 만든 놀라운 어떤 것이다.

그들의 실패와 예외성과 고독에 대한 의식

그러나 이러한 세계의식은 실제적인 근거를 갖고 때때로 표명되며 다시 애매해지지만, 키에르케고르의 경우에는 언제나 그리스도교적 태도인 겸손에 의해, 또 그들 양자에 있어서는 그들이 인간적인 '실패작'이라는 심리학적 지식에 의해 완화된다. 그런데 또 한 번 그들에 대해 놀라운 것은 그들의 실패 양식은 곧 그들의 독특한 위대성의 조건이라는 점이다. 왜냐하면 이러한 위대성은 위대성 그 자체가 아니라, 일회적(一回的)이며 시대의 상황에 고유하게 속하는 위대성이기 때문이다.

그들 본성의 이러한 측면에 대해서 두 사람에게 동일

한 비유가 타당하다는 것은 주목할 만한 일이다. 니체는 자신을 '새로운 펜을 시험하기 위해 알지 못하는 힘이 종이 위에 그려놓은 엉터리 글자'[30]로 비유한다. 그의 병의 적극적인 가치가 곧 지속적인 문제인 것이다. 키에르케고르는 '신의 힘센 손에 의해 삭제되고, 실패한 실험처럼 제거된'[31] 것으로 생각하는데 그는 자기자신을 상자의 가장자리에 눌려 찌부러진 정어리처럼 느낀다. 그는 '어느 세대에나 다른 사람을 위해 희생되며, 남들에게는 이익이 되는 것을 무서운 고뇌를 통해 찾아내야만 하는 사람이 두세 사람은 있다.'[32]고 생각한다. 그는 자신을 '언어에 있어서 문장에는 아무런 영향을 주지 못하는 간투사'[33]처럼, 또한 '행 속에 거꾸로 인쇄된 문자'[34]처럼 느끼고, 또한 위기의 화폐년도(貨幣年度)이며, 그가 태어난 해이기도 한 1813년에 발행된 지폐에 비유한다. 곧 '나에게는 마치 내가 위대한 것처럼 어떤 가치가 있으나, 그러나 광적인 경기의 토대 위에서는 나의 가치는 보잘것없다.'[35]

그들은 그들의 존재를 '예외자'로 자각하고 있다. 키에르케고르는 예외자의 이론을 전개하며, 이 이론에 의해 자기 자신을 이해하는 한편, 일반적인 것이나 인간에 있어서 인간적인 것은 이를 사랑하면서도 타자로 자기에게 거부되는 것으로 기술한다. 니체는 자기가 예외자임을 알고 '예외자는 결코 규칙이 되기를 바라지 않는다는 전제 밑에서 이를 위해서'36) 말하며, 철학자들에게 '그가 예외자이기 때문에 규칙을 보호할 것'을37) 요구한다.

그러므로 그들은 다른 사람들에 대하여 모범이 되기를 전혀 바라지 않는다. 키에르케고르는 자신을 일종의 실험적 인간으로 본다. 곧 '인간적인 의미에서는 아무도 나를 모방해서 자기를 형성할 수 없다. 나는 위기에 처해서 필연적으로 생기는 그러한 인간이니, 말하자면 현존재를 위한 실험용 토끼다.'38) 니체는 그를 따르려는 사람들을 배척한다. '내가 아니라 너 자신을 따르라'고.

이러한 예외성은 그들에게는 고통스러운 것인 동시에 그들의 사명에 대한 요구로서 독특한 것이나, 그들은 이러한 예외성에 순수한 '정신적 존재', 곧 마치 실제의 생명을 상실한 것 같다는 특징을 부여하는 데 다시 일치한다. 키에르케고르는, 그는 '육체적으로는 모든 점에 있어서 완전한 인간이 될 수 있는 여러 조건을 거의 박탈당했다.'39)고 말한다. 그는 정신적인 것 이외에는 참된 의미에서 살았다고 할 수 없다. 그는 인간이 아니었고 더욱이 어린이나 청년은 더욱 아니었다. 그에게는 '인간 존재에 관련되는 동물적 성질'40)이 결핍되어 있다. 그의 우수는 '바보의 한계'에까지 이르는 것이며,

'그가 독립적인 한 숨길 수 있는 것이나, 그가 스스로 모든 것을 결정하지 않는 경우에는 그를 어떠한 일에도 무용지물로 만드는 어떤 것'[41]이다. 니체는 '빛의 과잉에 의해, 그의 태양적 본능에 의해, 사랑할 수 없도록 저주받았다.'[42]는, 그의 순수한 정신적 존재를 경험하며, 차라투스트라의 ≪밤의 노래≫에서 다음과 같이 감동적인 노래를 부른다.

'나는 빛이다. 아하, 내가 밤이었더라면…… 나는 나 자신의 빛 속에서 살고 있다…….'[43]

예외성과 결부된 무서운 고독은 두 철학자에게 공통되는 것이다. 키에르케고르는 벗을 가질 수 없다는 것을 알고 있다. 니체는 분명히 앎을 갖고 스스로 이 이상 더 참을 수 없다고 생각하는 한계에 이르기까지 더욱 깊어가는 고독에 시달렸다. 다시 그들에게는 똑같은 비유가 해당된다. 곧 니체는 자신을 절벽 위에 높이 솟아 있는 잣나무에 비유한다. '고독하구나! 누가 감히 여기에 손님으로 왔을 것인가―아마 맹금(猛禽)이겠지. 그놈은 짓궂게 꼭대기에 매달리겠지―'라고. 그리고 키에르케고르는 '홀로 떨어져서 높이 솟은 한 그루 잣나무처럼 나는 여기에 그림자도 없이 서 있으며, 오직 산비둘기만이 나의 가지에 그 둥지를 칠 뿐이다.'라고 말한다.

섭리와 우연

두 철학자의 경우, 그들의 현존재의 상실, 실패 및 우연성에 확연한 대조를 이루는 것은 그들이 생활과정에서 마주친 모든 사건의 '의미와 중요성과 필연성'에 대한 더욱 심화되는 의식이다.

키에르케고르는 이를 섭리라고 부른다 '지금 일어나고 있는 일, 말해진 것, 진행중인 것 등은 모두 전조라는 것, 사실적인 것은 더욱 높은 것을 의미하게 되기까지 끊임없이 변한다는 것에서 그는 신적인 것을 인식한다. 그에게 있어서 사실적인 것은 포기할 것이 아니라, 신이 스스로 해명할 때까지 철저히 규명해야 하는 것이다.[44] 그 자신이 하는 일도 역시 그 후에 비로소 의미가 명백해질 수 있다. '나 자신이 아니라 섭리에 그 원인이 있는 그 이상의 것'이 있나. '그것은 내가 최대한의 숙고 끝에 행한 일을 나는 후에 더욱더 잘 이해할 수 있다는 것에 드러난다.'[45]

니체는 우연을 본다. 그에게는 우연적인 것을 완전히 이용하는 것이 문제이다. 그에 의하면 '숭고한 우연성'[46]이 현존재를 지배한다. '최고의 정신성과 힘을 가진 인간은 온갖 우연에 있어서 자신이 성장한다는 것을, 그러나 전적으로 눈송이처럼 쏟아지는 우연의 한가운데서 성장한다는 것'을 느낀다.[47]

그러나 이러한 우연성은 니체에 있어서 더욱 놀라운

의미로 변한다. '너희들이 우연이라 부르는 것, 너희 자신이 바로 너희들에게 떨어져내리는 것이다!'[48] 그는 전생애에 걸쳐 매우 명백한 것으로 겪은 사건에 최대의 우연성이 어떻게 비밀스런 의미를 나타내는가 하는 것을 풀어줄 암시를 추구했으나, 결국 '이제 더이상 우연은 존재하지 않는다.'[49]라고 말한다.

춤

그러나 생의 가능성의 한계에 있어서 어떻게 둔중한 것이 아니라, 완전한 경쾌함이 그들의 지식의 표현이 되었는가 하는 데 대해서 두 철학자는 춤이라는 비유를 사용한다.

니체는 생애의 마지막 10년 동안 춤을, 그것이 근원적인 경우에 있어서 그의 사유의 비유로 삼는데 언제나 형태는 달라진다. 그리고 키에르케고르는 '나는 언제나 사상에 이바지할 수 있도록 가볍게 춤추는…… 연습을 해왔다. 어려움이 나타나자마자 나는 나의 생명을 건다. 그때에 춤은 쉽게 된다. 왜냐하면 죽음에 대한 사상은 날랜 댄스이기 때문이다. 나에게는 모든 인간이 너무 어렵다―.' 니체는 '중하(重荷)의 정신'―도덕·과학·목적성 등―에서 그의 최대의 적을 발견하지만, 이 정신을 극복하는 것은 자의(慈意)의 경솔에 따라 방종해지기 위해 이 정신을 포기하는 것이 아니라, 오히려 가장 어려운 것을 통해 본래적인 비약에 도달하려는 것이며, 본래적인 비약에 성공하는 것이 바로 자유로운 춤이다.

예언자가 아니다

그들은 예외적 존재임을 알고 있기 때문에 예언자로 자처하지 않는다. 사실 그들은 우리가 접근할 수 없는 깊이에서 말하는 예언자적 존재처럼 보인다. 그러나 그 시대에 합치하는 의미에서 그러한 것이다. 곧 키에르케고르는 비를 예고하는 새에 자신을 비유한다. '어떤 시대에 있어서 폭풍우가 일기 시작하면 나와 같은 개인이 나타난다.'[50] 그들은 스스로 예언자임을 숨겨야 하는 예언자다. 그들은 가장 극단적인 요구로부터 출발하지만 그들에게서 모범이나 길을 찾으려는 어떠한 견해도 거부하는 끊임없는 귀환(歸還)에서 그들의 사명을 자각한다. 키에르케고르는 권위도, 예언자도, 사도(使徒)도, 개혁자도 아니며 또한 결코 어떤 관직의 권위도 갖고 있지 않다는 것을 수없이 되풀이해 말한다. 그의 과제는 주의 깊게 만드는 것이라고 말하는 것이다. 그는 신에 봉사하는 천재적 경찰관이며 스파이라고 말한다. 그는 폭로하기는 하지만 무엇이 이루어져야만 하는가에 대해서는 말하지 않는다.

니체는 '그에 대해 최대의 불신을 환기'[51]시키기를 바라며, '그의 제자에게 자기를 경계하도록 하는 것은 교사의 인간성에 속하는 것'이라고 설명한다.[52] 그가 바라는 것을 제자를 버리고 떠나는 차라투스트라로 하여금 말하게 한다. 곧 '나를 버리고 떠나라, 그리고 차라투스트라에게 반항하라.'고. 그리고 니체는 ≪이 사람을 보라(Scce Homo)≫에서 '궁극적으로 나에게는 종교 창시자의 성품이 하나도 없다. 나는 한 사람의 신도도 원하지 않는다. 나는 언젠가 사람들이 나를 성스럽다고 말할 것에 대해 무서운 불안을 품고 있다. 나는 결코 성자가 되고 싶지 않으며 오히려 익살스런 광대가 되고 싶다. 아마도 나는 익살광대일 것이다.'[53]

행 위

두 철학자의 경우, 무제약적이며 결정적인 요구의 가상(假象)과, 또 한편의 소심·주저 및 무위(無爲)의 가상 사이에 애매한 양극성(兩極性)이 있다. 시도(試圖), '아마도', '가능하다면' 등은 그들의 말버릇이다. 지도자가 될 만한 준비가 되어 있지 않다는 것은 그들의 태도에 고유한 것이다. 그러나 그들은 구제가 가능하고, 또 그들의 인간적인 성실성 자체에 있어서 구제가 그 자체로서 간직될 수 있다면, 구제되고 싶다는 은밀한 동경 속에서 살았다. 이와 같은 사실에 일치하는 것은 그들이 생애의 마지막 시기에 용감하고 거의 절망적으로,

또한 매우 침착하게, 더욱이 이때부터 그들이 가능적인 것을 사색할 때 보였던 겸양을 포기하고 행위에의 의지에 입각하여 공공연한 공격에 나섰다는 점이다. 키에르케고르의 교회적 그리스도교로서 그리스도교에 대한 공격과, 니체의 그리스도교 전반에 대한 공격, 이 양자는 그 갑작스러운 난폭성이나 무자비한 결단이라는 점에서도 일치한다. 두 철학자의 공격은 순수한 부정적 행동이며, 진실성으로부터 온 행위이지 어떤 세계를 건설하는 행위는 아니다.

〔原註〕
1) 2권 p.87. *Tagebücher Übersetzt von Th.* Hecker, 2Bde, Innsbruck, 1923 일기, 헤커역
2) 1권 p.303.
3) 4권 p.202. Kierkegaard, *Gesammelte Werke*, 12 Bde, Jena, Dieatrich, 키에르케고르 전집 12권, 디트리히 초판에서 인용.
4) B.d.R. 128 ff. Kierkegaard, *Bush des Richters*, Jena, 1905 dietri, 키에르케고르 ≪심판자의 서≫, 고트쉐트에 의한 일기의 발췌 역.
5) 14권 p.5. Nietzsches Werke, Grossoktavausgabe-Ausgabe in 16 Bde, 니체 전집 16권.
6) 13권 p.89.
7) 8권 p.16.
8) 7권 p.190.
9) 7권 p.304.
10) 8권 p.91.
11) 4권 p.8.

12) 15권 p.54.
13) 14권 p.60.
14) Chr. pp.132~140. *Kierkegaards Angriff auf die Christenheit. Agitatorische Schriften und Aufsätze* 1851~55 Stuttgart 1896—키에르케고르 ≪그리스도敎系에 대한 공격≫.
15) 6권 p.244.
16) 2권 p.10.
17) Emanuel Hirsch, *Kierkegaard studien. Gütersloh* 1933 2Bde 1권 p.298. 에마누엘 히르시 ≪키에르케고르 硏究≫.
18) 4권 p.244.
19) 4권 p.247.
20) 7권 p.11.
21) 1권 p.120.
22) 1권 p.88.
23) 8권 p.422, p.424.
24) 1권 p.35.
25) *Jugendschriften*, München 1923, p.209. ≪청년기 논문집≫.
26) 4권 p.332.
27) 1권 p.259.
28) An Overbeck 2.7.85(오버베크에게 보낸 1885년 7월 2일자 편지).
29) An Overbeck 12.2.87(오버베크에게 보낸 1887년 2월 12일자 편지).
30) An Gast 8.81(가스트에게 보낸 1881년 8월의 편지).
31) 1권 p.120.
32) 1권 p.231.
33) 1권 p.91.
34) 1권 p.144.
35) 1권 p.211.
36) 5권 p.106.
37) 16권 p.303.

38) 4권 p.332.
39) B.d.R 77(3ga) Chr. 438.
40) 2권 p.167.
41) 2권 p.94.
42) 15권 p.97.
43) 6권 p.152 ff.
44) 1권 p.201.
45) 1권 p.254.
46) 14권 p.24.
47) 14권 p.28.
48) 14권 p.269.
49) An Overbeck Weibachten 88(오버베크에게 보낸 1888년 크리스마스의 편지).
50) 1권 p.231.
51) 14권 p.361.
52) 4권 p.304.
53) 15권 p.116.

3 키에르케고르와 니체에 의해 초래된 철학적 상황의 의미

 키에르케고르와 니체가 의미하는 것이 무엇인가 하는 것은 그들에 의해 결과로 맺어진 것을 통해서만 비로소 밝혀질 것이다. 그들의 영향은 말할 수 없이 크지만―철학의 전문적 분야에서보다는 일반적인 사상계에 있어서 더욱 크다―또한 무한히 이의적(二義的)이다.

 키에르케고르가 본래적으로 무엇을 의미하는가 하는 것은 신학에 있어서도 또 철학에 있어서도 명백하지 않다.

 독일의 현대 프로테스탄트 신학은 그것이 순수한 경우에는 대체로 직접적이든 또는 간접적이든 간에 키에르케고르의 결정적인 영향을 받고 있는 것 같다. 그의 사유의 실제적·적극적 결산으로서 1855년 5월, '그러나 밤중에 외치는 소리 있었다.'(마태복음 25장 6절)는 모토 밑에 팜플렛을 발행하고, 이 책에서 '너는 이제 현재 행해지고 있는 바와 같은 공식적인 신의 예배에 참가하지 않는다는 점에 의해―너의 큰 죄는 끊임없이 감소된다. 곧 너는 신약성서적 그리스도교가 아닌 것을 그것이라고 사칭함으로써 신을 바보로 여기는 일에 가

담하지 않은 것이다.'라고 말한 키에르케고르의 영향을 받는 것이다.

그들의 二義性

현대 철학에 있어서도 키에르케고르에 의해 결정적인 동기가 전개된다. 현대의 철학적 사유의 본질적인 근본개념은 특히 독일에 있어서 키에르케고르에게 귀착된다. 모든 사유가 종래의 체계적 철학을 해체하는 것 같고 모든 사변을 비난하며, 그가 철학을 인정한다 하더라도 겨우 '철학은 우리들에게 주의를 기울일 수는 있다. 그러나 우리를 양육하지는 못한다.'고 말할 뿐인 키에르케고르에게, 신학이나 철학이 키에르케고르를 따르는 경우, 그 개념이나 공식을 그 자신의 전혀 다른 목적에 사용하기 위해 본질적인 것을 은폐해버리는 일은 있을 수 있다.

곧 신학 중에는 불신(不信)의 신학이 있어서 키에르케고르의 변증법적 역설이라는 세련된 사고방식을 사용하여 스스로 그리스도교적 신앙을 갖고 있다고 자칭하는 자들의 신앙고백의 한 양식을 만들어낸다는 것은 있을 수 있는 일이다. 또한 키에르케고르에 의해 인도되는 철학적 사유가 그 언어에 있어서는 그리스도교적 실체를 무시하면서 은밀히 그리스도교적 실체에 의해 양육된다는 것도 가능한 일일 것이다.

니체는 무엇을 의미하는가 하는 것도 마찬가지로 명백하지 못하다. 독일에서 그의 영향에 필적할 만한 철학자는 하나도 없다. 그러나 모든 태도, 모든 세계관, 모든 견해는 그를 증인으로 내세울 뿐인 것 같다.

이러한 사유 전체가 스스로 내포하고 있는 것과 그것이 실현하는 것이 무엇인가를 우리는 전혀 알지 못하고 있다는 것은 가능한 일일 것이다.

그들의 혼란된 영향

그러므로 키에르케고르와 니체의 영향을 허용하는 사람들은 어떻게 그가 그들과 본래적인 사귐을 가질 수 있는가? 그와 그들의 관계는 어떠한 것인가? 그에 대해 그들은 어떤 의미를 갖는가? 또 그는 그들로부터 무엇을 만들어내려고 하는가? 이러한 문제들에 대해 성실성을 갖는다는 것이 그 과제이다.

매혹시키는가 하면 후에 실망시키고, 사람의 마음을 사로잡았다가는 마치 마음과 손이 비어 있는 것 같은 불만에 그들의 영향의 공통성만이 그들의 본래적인 의지의 표현이다. 곧 독자들이 종래와 같이 일정한 인식이나 예술작품이나 철학적 체계나, 신앙의 입장에서 받아들이는 예언에 의해 아무런 만족도 얻을 수 없다면,

독자가 그의 내적 행위에서 자기 자신에 의해 그들이 전달하는 것으로부터 무엇을 만들어내는가 하는 것이 문제가 된다. 그들은 모든 만족을 지향하는 것이다.

그들과 관계되는 철학적 사유 과제

사실 그들은 추종자들의 모범이 될 수 없는 예외자다. 키에르케고르나 니체를 모방하려고 하는 경우, 그것이 단지 스타일에 있어서만 그렇다 하더라도 언제나 웃음거리가 될 것이다. 그들이 한 일은 그 자체가 이미 고상한 것을 우스운 것으로 바꾸는 한계를 순간적으로 넘어선 것이었다. 그들이 한 일은 오직 한 번만 가능한 일이었던 것이다. 사실 모든 위대한 것은 일회적인 것이며, 아무도 이를 동일하게 반복할 수는 없다. 그러나 이러한 일회성과의 관계에 있어서 우리가 우리 자신을 회복하고 이를 나의 것으로 만들어서 이 일회성에서 사는가, 또는 우리를 사실상 변화시키기는 하지만 동시에 소외시키는 정위(定位)의 '거리(距離)'에 사는가 하는 것은 본질적으로 다른 것이다.

그들은 우리들에게 목적을 주지도 않고 또 일정한 과제를 세우지도 않은 채 우리들을 물리친다. 각자는 그들을 통해 오직 자기 자신이 될 수 있을 뿐이다. 그러나 추종자에 있어서 그것이 무엇인가 하는 것은 오늘날까지 결정되지 않았다. 문제는 '예외자는 아니지만' 이러한 예외자를 응시하면서 내적인 길을 찾아가는 우리들은 어떻게 살아야 하는가 하는 것이다.

우리는 이러한 응시의 제척(除斥)이 이미 불성실의 싹이 되는 정신적 상황에 놓여 있다. 마치 그들이 처음으로 우리들을 완전히 경솔로부터 강제로 해방시키는 것 같은데, 이러한 경솔은 그들이 없으면 위대한 철학자를 연구하는 경우에도 우리들에게 남아 있는 것 같다. 우리는 이미 편안하게 전통적인 개념 구성을 계속할 수만은 없다. 왜냐하면 키에르케고르와 니체에 의해서, 그 결과는 아직 모든 방면에서 명백해지지는 않았지만 실존의 사유적(思惟的) 경험에 한 양식이 작용하게 되었기 때문이다. 그들은 아직 명백하지는 않으나 감지할 수 있는 문제를 제시했으며, 이 문제는 아직 미해결 상태다. 그들에 의해 우리들에게는 이미 자명한 지반이 하나도 없다는 것이 명백하게 드러났다. 이미 우리들의 사유가 침범할 수 없는 배후는 존재하지 않는 것이다.

개인적으로 그들을 연구할 때 그들에게 사로잡히는 것과 그들을 진지하게 취급하지 않는다는 것은 똑같이 위험하다. 그들과의 대립적인 관계는 불가피한 것이다. 이 두 철학자는 어떠한 세계도 건설하지 않았으며, 모든 것을 파괴한 듯하지만 그들은 적극적인 정신이다. 우리가 모든 위인에 대한 것과는 다른 태도로 그들에게 접근한다면 창조적인 사상가에 대한 독특하고 새로운 관계가 우리들에 의해 실현될 것이다.

문제—지금부터는?

시대와 키에르케고르 및 니체에 의해 창조한 사유에 직면하여 '이제부터는 무슨 일이 일어날 것인가?'라는 문제를 세운다면 키에르케고르는 거기에서는 세계가 몰락하는 부조리한 그리스도교적인 것을 지시한다. 니체는 우리가 의지하고 살 수 있는 실체로서는 나타나지 않는 먼 것, 무규정적인 것을 가리킨다. 아무도 그들의 대답을 받아들이지 않았다. 그것이 우리들의 것은 아니다. 그들을 주시하면서, 우리들은 우리에 의해 무엇이 될 것인가 하는 것이 우리의 문제인 것이다. 그러나 이것은 어떠한 방법에 의해 미리 계획되거나 확정될 수는 없다.

그러므로 인간 정신의 발전에 대한 '세계사적' 개관에 의해서 이제 무엇이 일어나야만 할 것인가를 추정하려고 생각한다면 우리는 과오를 범하게 될 것이다. 우리는 미리 전체를 조망하는 사유된 신처럼 밖에 서 있는 것은 아니다. 우리는 우리에게 장소와 과제를 제공하는 것처럼 억측되는 세계사에 의해 현재를 대체하는 일은 결코 할 수 없다. 또한 이 강의도 전체를 개관하고자 하는 것이 아니라 과거를 회상함으로써 상황을 그 자체로부터 감시해보려는 것이다. 인간이나 인간의 사유가 어디로 갈 것인가 하는 것은 누구도 알지 못한다. 현존재, 인간 및 세계에는 종말이 없기 때문에 완성된 철학이나 전체의 예견 등은 있을 수 없다.

우리들 인간은 최후의 목적을 계획한다. 그러나 이러한 경우에는 항상 우리가 바라던 것과는 전혀 다른 것이 생긴다. 마찬가지로 철학적 사유도 그 궁극적 의미를 알지 못하는 인간의 내면성에 작용하는 행위이며, 따라서 현재의 과제는 특수한 것으로서 선취(先取)된 전체로부터 이끌어내는 것이 아니라, 오히려 지금 경험하는 근원과 애매하게 의욕된 내용으로부터 의식하게 된다. 철학은 어느 시대에 있어서나 사유로서 이 순간에 완성된 존재 의식이며, 이러한 존재 의식이 그 언표(言表)에는 궁극적인 것으로써 지속될 수 있는 것은 하나도 없다는 것을 알고 있다.

상황으로부터 제시된 문제—이성과 실존

정신적·현실적인 전체적 상태에 대한 잘못된 개관에 반대하고, 우리는 다시금 인간존재의 마지막 한계와 근원에 우리를 인도해주는 상황의 의식 속에서 철학적 사유를 한다. 이러한 의식 속에서 성장하는 사유의 과제는 오늘날 아무도 완전히, 그리고 결정적으로 전개시킬 수 없는 것이다. 우리는 말하자면 여러 가지 가능성의 거센 물결 속에서 끊임없이 전복될지 모른다는 위협을 느끼며, 그러나 언제나 이에 맞서서 다시 일어날 용의를 갖추고 살고 있는 것이다. 철학적 사유 속에서 현재의 문제로부터 우리들의 현실적인, 곧 인간존재를 깨우쳐주는 사상을 완성할 용의를 갖고 있는 것이며, 이러한 사상은 지평선이 무제한하게 확대되고, 현실이 명료해지고, 본래적인 문제가 나타날 때 가능하다. 이와 같이 사유에 강요되고 있는 과제들 중에서 나는 다음 세 강의를 위해 '하나의' 과제를 선택하기로 한다.

이성적인 것의 비이성적인 것에 대한 관계에 나타나는 철학적 사유의 매우 오래된 문제는, 키에르케고르와 니체를 응시하면서 전통을 자기 것으로 만들면, 현재의 형태에 있어서 새로이 볼 수 있다.

우리는 이 근본문제를 '이성과 실존'이라고 공식화하기로 한다. 이 간소화된 공식은 결코 안티테제를 의미하는 것은 아니며, 오히려 동시에 자기 자신을 넘어서는 상호관련성을 의미하는 것이다.

이성과 실존이라는 말에 암흑의 조명 가능성과 근원

―우리는 이 근원에 바탕을 두고 사는데 이 근원은 비록 합리성을 최대한으로 요구한다 하더라도 명료해질 수 없는 것이다―의 파악에 대한 물음이 가장 심각하고 가장 순수하게 표현되어 있는 듯하기 때문에 이성과 실존이라는 말을 선택한 것이다.

이성이라는 말은 칸트적인 넓이와 밝음과 진실성을 갖고 있다. 실존이라는 말은 키에르케고르에 의해 이 말이 모든 규정적인 지식을 거부하는 것을 무한한 깊이에 있어서 나타나게 하는 영역으로 고양되었다. 이 말은 소모되는 것은 아니니 존재에 대한 많은 말들 중 하나에 불과하며, 또한 그것은 아무것도 의미하지 않거나 또는 키에르케고르적인 요구를 제기하는 것이기 때문이다.

우리는 다음의 세 강의에서 각기 다른 테마에 속하는 주요 사항들을 다루게 될 것이다. 그러나 이러한 주요 사상이 공통되는 것은 그것이 논리적으로 파악된 물음의 형태로 무엇이 그 의미에 있어서 삶과 가장 가까운 것인가 하는 문제를 추구하는 것이 아닐 수 없다. 이에 성공하는 경우, 철학은 말하자면 논리적 추상성과 현실적인 현재가 일치하는 유례없는 사유가 된다. 생동하는 철학적 사유의 근본적 충동은 오직 순수한 형식성에만 진실하게 나타날 수 있다. 그것을 파악하고 또 참여함으로써 전인적 인간의 내적인 행위―현존재에 있어서 존재를 각지(覺知, innewerden)하기 위하여 사상적 가능성의 근원으로부터 자기 자신을 생산하는 것―를 실현시키는 사상적 조작(思想的操作)이 있는 것이다.

나의 강의가 이러한 높은 요구를 만족시키는 데 흡족한 것이 아니라 하더라도 우리들이 노력해야 할 문제들에 대한 기준을 안다는 것은 본질적인 사항이다. 우리는 자기 자신의 힘을 초월해 있는 것을 감히 해보려고 하는 용기를 그것이 인간의 과제라고 하는 점으로부터, 그리고 인간은 자기 능력을 초월하는 과제를 설정하는 것이 그 본성이라는 점으로부터 얻으며, 그리고 또한 오직 한 순간만이라도 참된 철학적 음색(音色)을 희미하게나마 들었다고 믿는 자는 이 소리를 지칠 줄 모르고 전달하고 싶어한다는 사실로부터 얻는 것이다.

제5강에서 그때까지 우리가 수행한 사색을 돌아보면서 키에르케고르와 니체에 의해 결정적으로 규정된 상황에 있어서 현재 철학은 어떠한 과제를 가질 수 있는가 하는 오늘의 테마가 다시 취급될 것이다.

* 두 철학자를 완전히 이해하기 위해서는 상호 관련하여 해석하고 그들을 동시에 연구하는 것이 중요하다. 그들의 공통점은 현대의 수양의 상황에 있어서 인간의

실존으로 복귀한다는 것이 본질적이다.

** 30세나 연장인 키에르케고르에 대해서 영향이란 불가능했으며, 이미 그는 1855년에 사망하였다. 니체에 대해서도 마찬가지로 그는 그때 이미 나와 있던 독일어 번역서를 한 줄도 읽지 않았던 것이다. 니체가 만년인 1888년에 브란데스로부터 키에르케고르의 이름을 듣고, 다음 독일 여행 때 '키에르케고르의 심리학적 문제를 다루겠다'(1888년 2월 19일자로 브란데스에게 보낸 편지)는 계획을 세웠다는 것은 자극적인 사건이다. 그러니 니체가 그의 유일한 친척과 서로 대결한다는 것은 이미 불가능했다.

제2강　包越者

철학적 논리학의 의미에 대하여

철학적 사유의 가능성 중 하나는 존재 양식을 그 형식에 따라 묘사하는 사유 조작에 있어서의 '철학적 논리학'의 활동이다. 우리는 중간의 세 강의에서 이 가능성의 몇 가지 요소를 추구하므로 모든 구체적인 철학적 사유, 곧 일정한 세계적·실존적·형이상학적 내용의 전개는 무시한다.

오히려 키에르케고르와 니체에 의해 그 한계까지 몰린 우리의 인간 존재에 있어서, 철학적 내용이 비로소 기만 없이 확증될 수 있는 수평선과 형식을 실현시키는 것이 중요한 문제이다.

포월자에 대한 질문

참되고 현실적인 것 속에서 특수한 것에 구속되거나 일정한 분위기에 의해 흐려지는 일이 없이 가장 순수한 시선을 얻기 위해서, 인간은 사유하면서 가능한 것의 가장 광대한 영역으로 침투하도록 노력하지 않으면 안된다. 이때 그에게는 다음과 같은 경험이 생긴다. 곧 우리들에게 대상이 되는 일체의 것은 비록 그것이 가장 거대한 것이라 하더라도 우리들에 대해서는 항상 타자에 속하는 것이며 전부는 아니다. 우리가 어디에 도달하든 간에 도달된 것을 둘러싸는 지평선은 더욱 물러나고 모든 궁극적인 정지를 포기할 것을 강요한다.

우리는 존재의 완결된 전체를 개관(槪觀)할 수 있는 입장이나, 여러 입장을 통합함으로써 존재가 간접적으로나마 완결된 것으로 알려지는 입장의 계열을 결코 획득하지 못한다.

그런데 우리는 언제나 한 지평선 안에서 살고 또 사유한다. 하나의 지평선이 존재하고 또한 끊임없이 이미 획득한 지평선을 다시 포괄하는 더 넓은 것이 나타난다는 사실로부터 이러한 '포월자'에 대한 질문이 생긴다. 포월자는 그 안에서 우리들에게 현실적인 것과 진리존재(眞理存在, Wahrsein)의 일정한 양식이 나타나는 지평선이 아니라, 그 안에서 모든 개별적인 지평선이 이미 지평선으로 볼 수 없는 것이 되어 단적으로 포섭하는 자에 포함되는 것이다.

포월자의 두 양식

이러한 포월자는 두 가지 대립적인 퍼스펙티브로 우리들에게 나타나고 또 사라진다. 곧 우리가 그 안에 존재하고 또 그것에 의해 존재하는 전체인 '존재 자체로서', 또는 우리들 자신이며 또한 그 안에서 우리들에게 모든 규정적인 존재 양식이 나타나는 포월자로서, 후자는 매개로서 일체의 존재가 우리들에 대해 처음으로 존재가 되게 하는 조건일 것이다. 포월자는 두 경우에 있어서 우리들이 그 내용에 대해 부분적으로만 알고 있을 뿐인 존재의 임시적 종류의 '총화(總和)'가 아니라 존재 '자체'이든, 또는 우리들에 대한 존재이든 간에 존재의 가장 극단적이며 자족적(自足的, sich selbstt ragende)인 근거로서의 전체인 것이다.

우리들의 사물에 대한 모든 자연적 지식 및 사물과 우리들의 교섭은 '포월적 존재'의 최후의, 그리고 그 이상 더 근거를 지을 수 없는 근원들 사이에 존재하며, 이러한 근원들은 결코 대상으로써 경험에 나타나거나 사유된 것 속에서 대상으로 나타나지 않으므로 공허한 것 같다. 그러나 바로 이 점에서 존재에 대한 가장 깊은 통찰에 비로소 도달할 수 있고, 한편 존재에 대한 그밖의 모든 지식은 단지 개별적이고 특수한 존재에 대한 지식이 된다.

다자(多者)에 대한 지식은 우리를 항상 다른 내용에 분산시키며, 만일 우리가 자명한 목적이나 우연한 관심에 의해 임의로 한계를 확립하지 않으면 우리는 무한한 것에 빠져들어가며, 또한 한계에 있어서 매번 혼란스러움을 격게 된다. 그러나 포월자에 대한 앎은 모든 가지적(可知的)인 것을 전체 안에서 전체의 조건 밑에 두게 될 것이다.

철학의 이러한 근본문제에 대한 역사적 회상

특수한 것, 그리고 부분적인 것의 모든 무한성을 넘어서서 이러한 존재 자체를 탐구하는 것은 철학적 사유의 최초의, 그리고 항상 새로운 길이니, 아리스토텔레스가 이 길을 '존재란 무엇인가 하는, 옛날이나 지금이나 그리고 영구히 제시되면서도 항상 해결되지 않는 질문'―《형이상학》 10286.이라고 한 것은 셸링이 '철학의 가장 오래되고 가장 옳은 설명은…… 철학은 존재자에 대한 학문이다.'라고 말한 것과 다름없다.

그러나 존재자, 곧 참된 존재란 무엇인가를 찾아낸다는 것은 어려운 일이다. 곧 '이야말로 일, 이야말로 노고이니라(hoc opus, hic laborest)'―Ⅱ, 3. 76. 이러한 질문이, 또 이와 함께 과제가 비록 무한한 변화 속에서나마, 철학적 사유의 시초부터 지금까지 언제나 반복된다는 사실은 아무런 구속도 받지 않고 거의 무한한 다양성에서 나타나는 철학적 사유의 불변의 근본 의의에 대한 신뢰를 깨우쳐주는 것이다.

최초의 곤란은 이 질문 자체를 바르게 이해한다는 것이다. 그런데 바른 이해는 대답에서 비로소 나타나는 것이며, 이 대답에 의해 역사적으로 현존(現存)하는 질문의 형태와 주어진 대답이 이해되고 개관된다. 따라서 근거 있는 의미 연관에 의해 진리가 자기 것으로 획득되고, 또 오류가 배척될 수 있는 정도에 따라 그러하다. 이에 도달한다는 것은 철학적 사유의 어마어마한 계획과 재난에 모든 사상을 총괄적으로 수집함으로써 또는 다른 모든 것에 적합하다고 자칭하는 근본 특색을 강제로 제한함으로써 달성되는 것은 아니다. 진리에의 정열이 고유한 실존의 끊임없는 자기 도취 속에서도 쉬지 않고 반복되는 의문에 의해 '무제한한 광역(廣域, Weite)'―이 광역에서 비로소 근원의 단순성이 궁극적으로 자기 자신을 인식시켜줄 수 있다―을 볼 수 있는 냉정함을 갖춘 철학적 태도가 전제된다.

포월자로서의 존재에 이르는 두 길 중에서 일반적으로 택하며, 또 모든 초보적인 철학적 사유에 가장 자연스러운 길은 자연·세계·신으로 생각되는 '존재 그 자체'에 이르는 길이다. 우리는 우선 '우리 자신인' 포월자에 대해 물음으로써 또 하나의 다른 길, 곧 칸트 이래 불가피하게 된 길을 가기로 한다. 우리는 우리 존재의 이러한 포월자는 결코 존재 자체가 아니라는 것을 알고 있고 또한 언제나 고려하고 있음에도 불구하고, 칸트에 의해 개척된 길을 최후까지 갈 때에만 우리는 비판적인 순수성을 갖고 이 포월자에게 접근할 수 있다.

1 우리 자신인 포월자
— 현존재 · 의식일반 · 정신 —

우리 자신인 포월자—우리는 이것을 우리의 현존재, 혹은 의식, 혹은 정신이라고 부른다—를 우리는 세계 속에서 우리에게 나타나는 어떤 것처럼 파악할 수는 없다. 오히려 그것은 그 안에서 우리들에게 모든 타자가 나타나는 것이다. 우리는 일반적으로 그것을 대상으로 타당하게 인식하지 못한다. 오히려 우리는 그것을 한계로서 각지한다. 이러한 한계를 확인하면서 우리는 대상적이기 때문에 명백하며, 또 다른 기지의 대상들로부터 구별됨으로써 규정되는 어떤 것에 대한 지식을 포기한다. 말하자면 우리는 우리들을 넘어 나가 방관적으로 우리들이 무엇인가를 처음으로 보기 위해 우리들 자신의 밖에 서고 싶어한다. 그러나 이와 같은 억측된 방관에 있어서 우리는 우리가 마치 밖에 서 있는 듯이 보고 싶어했던 것 안에 존재하고 동시에 언제나 그 안에 묶여 있는 것이다.

우리는 잠시 끊임없이 거듭되는 노력 가운데서 포월자가 사유되는 몇 가지 출발점을 제시하려고 한다.

첫째, 나는 '현존재'로서 존재한다. 현존재는 포월적인 현실적 의미를 갖고 있으며, 이러한 의미는 직접 파악하려고 하면 물질·생명체·영혼·의식으로서 과학적 연구가 가능한 존재의 특수성에 곧 나타나지만, 이러한 특수성은 이미 포월적인 현존재는 아니다. 나에 대해 현실적인 모든 것은 또한 어떠한 의미에 있어서 나의 존재로서 '현존재적' 현실이 되어야 한다. 즉 나의 신체가 발견되고 변화되고 지각되는 방식으로 언제나 감촉할 수 있는 나의 신체의 현존(現存)으로서 예를 들 수 있다.

압도적으로 나를 규정하는 타자로서의 현존재는 세계다. 나 자신인 포월자로서의 현존재는 대상화됨으로써 곧 세계처럼 나와 다른 타자가 된다. 우리가 우리 자신을 현존재적 양식에 있어서 과학적으로 연구할 수 있게 되면 곧 우리는 세계 존재에 흡수되는데, 세계 존재는 동시에 우리가 이해할 수 있는 타자, 곧 자연인 것이다. 우리는 단지 다른 존재들 중 한 종류의 존재로서 파악될 뿐, 본래적으로 인간적인 것으로 파악되지는 않는다. 우리와 동일한 것인 현존재의 포월자에 대한 지식에 의해서 우리는 우리 자신을 특수한 것으로 인식하는 특수한 것에 대한 지식으로부터 우리를 전체적으로 파악하려는 요구를 분리시킨다.

나는 나의 현존재를 결코 포월자로서 인식하지 않고 인식적으로는 유일한 근거에 환원시킬 수 없는 물질・생명, 영혼과 같이 단지 일정한 경험적인 현실적 형태로서 인식함에도 불구하고 나는 항상 이러한 포월적 현존재의 현존으로 존재한다. 우리는 육체와 생명, 영혼과 의식에 대하여 오직 우리의 의식이 대상적으로 접근하는 방식에 의해서 알 수 있을 뿐이라 하더라도, 우리는 말하자면, 이러한 모든 가지적(可知的)인 것을 통해서 우리들과 동일한 것인 포월적인 현존재를 보는데, 포월적인 현존재는 물리적・생물학적・심리적으로 탐구가 가능한 것으로서는 어느 경우에나 단지 특수한 것이 될 뿐이고, 그것은 특수한 것으로서는 사실 이미 포월자가 아니다. 따라서 내가 살아 있는 현존재로서 소유하는 경험적 의식은 그 자체로서는 현존재로서의 나인 포월자에 대해서는 오직 구성적일 뿐이다.

둘째, 포월자는 '의식일반'으로서의 나이다. 우리의 의식에 들어오고 체험할 수 있으며, 대상이 되는 것만이 우리들에 대해서 존재인 것이다. 의식에 들어오지 않고, 어떠한 방식에 의해서도 지적(知的)인 의식에 관계될 수 없는 것은 우리들에 대해서는 존재하지 않는 것과 다름없다. 그러므로 우리들에 대해 존재하는 모든 것은 의식에 의해 생각되고 또 경험될 수 있는 형태를 취하지 않으면 안 된다. 곧 그것은 어떠한 방식으로든지 대상적 존재로서 알려져야 하고, 의식의 시간적 실현에 현재화(顯在化)되어야 하고, 사유 가능성의 형태에 있어서 언어가 되어야 하며, 따라서 전달 가능성의 양식을 획득해야 한다. 모든 존재는 그것을 의식에 나타나게 하는 조건 밑에서 우리들에게 나타난다는 것 때문에 우리는 이와 같이 의식될 수 있는 것의 포월자에 사로잡히는 것이다. 그러나 우리는 이를 한계로서 분명하게 하고, 또 이러한 한계 의식을 갖고 우리가 알지 못하는 타자의 가능성에 대하여 개방적일 수 있다. 그러나 의식은 두 가지 의미를 갖고 있다.

우리는 살아 있는 현존재로서의 의식이며, 그 자체로서는 아직 또는 이미 포월적인 것이 아니다. 생명은 이러한 의식을 담당하는 것이며, 이 자체는 우리가 의식적으로 경험하는 것의 무의식적 근거이다. 현존재의 포월자 안에서 우리는 단지 그것일 뿐인 살아 있는 현존재로서, 우리는 경험적 탐구가 가능한 대상이 되고 종적(種的) 분류에 의해 분리되고 또한 매번 특수한 개체로서 분열되는 현존재의 현실성으로 보이는 것이다. 그러나 우리는 오직 무수한 개별적 의식일 뿐 아니라, 또한 서로 다소간 유사한 의식이며, 우리는 이러한 가운데서도 '의식 일반'인 것이다. 곧 우리는 단지 서로 유사한 방법이 아니라 '동일한' 방법을 갖고 지각적·감각적으로 존재를 지향하려고 생각한다. 그것은 경험적 의식과는 다른 의미의 의식, 곧 우리들이 포월자로서의 그것인 의식 일반의 의미를 갖는다. 주관적인 의식의 여러 양식들과의 다양성과 그것만이 '하나'일 수 있는 참된 의식의 이러한 보편타당성 사이에는 하나의 비약이 있다. 살아 있는 현존재의 의식으로서는 우리는 무한히 특수한 현실적인 것의 다양성에, 곧 개별화의 비좁음 속에 머무르며, 그렇기 때문에 비포월적이다. 의식 일반으로서는, 우리는 보편타당한 진리인 비현실적인 것에 참여하고, 이러한 의식으로서 하나의 무제한한 포월자이다. 살아 있는 의식적 현존재로서 우리는 언제나 오직 하나의 종(種), 그 주관성에 폐쇄된 일회적인 개체이지만, 지식의 가능성으로서는, 그리고 존재가 의식에 대해 현상화되는 각각의 양식에 있어서의 존재에 대한 공통된 지식의 가능성으로서는 우리는 하나의 포월자이다. 그리고 우리는 인식 가능한 것의 정당성에만 참여하는 것이 아니라, 의욕·행위·감정의 보편타당한 것으로 승인된 법칙성에서도 참여한다. 이와 같이 생각하면 진리는 무시간적인 것이며, 우리의 시간적 현존재는 이와 같이 무시간적인 존속체(存續體)의 다소 발전된 실현이다.

그러나 시간적인 사건에 있어서의 살아 있는 의식의 현실성과 진리의 무시간적인 의미의 장소로서의 의식 일반의 비현실성을 엄격히 구별하는 것은 궁극적지 않고 오히려 포월자의 해명에 있어서 통과해야 할 추상인 것이다. 생산되며, 자기 자신을 파악하고, 이러한 파악에 있어서 움직이는 시간성으로서의 의미의 현실성은 새로운 포월자이니, 이를 정신이라고 부른다.

정신은 우리들 자신인 포월자의 세번째 양식이다. 정신은 그 존재의 근원으로부터 이해할 수 있는 사고, 행위 감정의 '전체성'이며, 이 전체성은 나의 지식에 대해 그 자체가 완결된 대상이 되지 않고 언제나 이념으로 남아 있다. 정신은 필연적으로 의식 일반의 진리의 명증성(明證性)과 의식 일반에 대해 타자인 것, 곧 인식되고 이용되는 자연의 현실성에서 정위(定位)된다 하더라도, 정신은 양자에 있어서 모든 것을 명료하게 만들고 연관시키는 이념을 통해 운동한다. 정신은 언제나 이미 주어진 것이며, 또한 언제나 변화하는 세계 속에서 정신을 받아들이는 것과 자기 자신에 의해 실현되는 능동성의 포월적 현실이다. 정신은 모든 전체성을 용해(溶解)하고 재형성하는 과정으로 결코 완결되지 않으며, 현존재의 가능한 완성에 이르는 길에 언제나 충만된 현재이며, 이러한 현재에 있어서는 보편은 전체가 되며, 특수는 각각 전체의 구성 요소가 될 것이다. 정신은 현재의 근원으로부터 가능한 현실성을 언제나 창조해내기 위해서, 언제나 현실적이며 또한 파괴되고 있는 전체성으로 전진한다.

왜냐하면 그 정신은 전체에 다가가면서 어느 것이나 보존하고 향상시키며, 일체를 일체에 관련시키고, 아무 것도 배제하지 않으며 각각의 것에 장소와 한계를 부여하려고 하기 때문이다.

정신은 무시간적인 의식 일반의 추상과는 달라서 다시금 시간적인 생기(生起)이다. 정신은 그러한 것으로서는 현존재에 비교할 수 있다. 그러나 정신은 단순히 생물학적·심리학적 생기에 의해 움직여지는 것이 아니라, 지식의 반성에 의해 움직여진다는 점에서 현존재와 구별된다. 정신은 자연적 생기로서 과학적 탐구가 가능한 것이 아니라, 내면으로부터 이해될 수 있는 것으로서 항상 의식 일반의 보편적인 것을 지향하고, 따라서 자기 파악이며, 부정과 긍정에 의해 자기를 대상으로 하는 노동이다. 곧 정신은 자기 자신과 겨루는 자기 생산이다.

우리는 현존재로서, 또 정신으로서 포월적인 현실성이다. 그러나 '현존재'로서 우리는 '무의식적'으로 최후의 여러 근거까지도 물질·생명·영혼에 결부되어 있다. 곧 우리는 이 포월자 안에서 우리 자신을 대상화하면서, '밖'으로부터 '무한'하게 우리를 인식하고, 동시에 비약적으로 제각기 분리되고, 오직 이러한 분리에 있어서만 과학적 탐구가 가능한 현실성[물질·생명·영혼]으로 우리 자신을 분열시키면서 우리 자신을 인식한다. 정신으로서 우리는 의식적으로 우리가 이해할 수 있는 모든 것에 관계한다. 우리는 세계와 우리 자신을 전체성에 포섭되는 이해 가능한 것으로 변화시킨다. 곧 우리는 이 포월자 안에서 우리 자신을 안으로부터 모든 것이 정신이며, 오직 정신이 있을 뿐인 하나의 독특하고 총괄적인 현실성으로 인식한다.

현존재·의식 일반·정신의 구별은 분리 가능한 사실들의 확립을 의식하는 것이 아니라, 세 계기의 묘사에 지나지 않는다. 이러한 계기로부터 그 안에서 처음으로 우리들에 대해 모든 존재와 모든 탐구 가능성이 나타나는 우리들 자신인 존재의 포월자를 감지할 수 있게 되는 것이다.

세 양식은 상호 관련 없이는 우리가 설명한 바와 같은 포월자는 아니다. 보편타당한 진리의 장소로서의 '의식 일반'은 그 자체로서 완결될 수 없는 것이며, 한편으로는 '현존재' 안의 자기의 근거를, 또 한편에 있어서는 의식 일반이 의미와 전체성을 가져야만 할 때, 의식 일반이 지배받지 않을 수 없는 힘, 곧 '정신(精神)'을 지시한다.

그 자체는 포월자의 비현실적인 분절(分節)이며, 이러한 분절에 의해 포월자는, 포월자가 과학적 탐구가 가능한 자연적 생기로서 개별화되고 인식될 수 있는 양식과 포월자가 이해 가능하고 전체성에서 완결되며, 그 자체로서 투명한 현실성이요, 자유인 양식으로 갈라진다.

'현존재'와 '정신'은 현실성의 형태를 생산하는데, 포월자 안의 우리의 본질은 이러한 형태로써 대상화된다. '의식 일반'은 우리로 하여금 포월자를 보편타당하고 전달 가능한 존재로 보게 하는 형태이다.

2 존재자체로서의 포월자

— 세계와 초월자 —

우리들 자신인 포월자[현존재로서, 의식 일반으로서, 정신으로서]를 우리는 이 전체가 존재 자체인가 하는 질문에 의해 넘어선다.

존재란 그 안에서 일반적으로 존재라고 하는 것이 우리들에게 현현(顯現)해야만 하는 것이라면, 이러한 우리들에 대한 현상은 사실상 모든 존재일 것이라고 생각하게 된다. 존재를 해석된 것으로, 그리고 우리의 존재를 해석하는 것으로 파악한 니체는 그 이상의 존재는 환상적인 배후 세계의 존재라고 부인한다.

그러나 앞의 질문은 사물에 대한 우리들의 지식의 한계에서도, 또 우리들 자신인 포월자의 한계 의식의 각지(覺知)에서도 정지하지 않는다. 나 자신이고 또한 내가 현존재·의식 일반·정신으로 알고 있는 포월자는 오히려 자기 자신으로부터는 파악될 수 없는 것으로서 타자를 지시하고 있다. 우리들 자신인 포월자는 존재 자체가 아니라, 존재 자체인 포월자 안에서의 현상[假象이 아니다]이다.

그러나 이러한 존재 자체는 한계에 있어서의 지시자(指示者)에 의해 우리들에게 감지될 수 있는 것이며, 따라서 바로 우리들의 질문이 도달할 마지막 것이지만, 이러한 질문이 우리들의 상황으로부터 출발하는 한, 그 자체가 처음 것이다. 존재 자체는 우리들에게 의해 산출(産出)되는 것도 아니고 해석도 아니며 대상도 아니다. 오히려 존재 자체는 우리로 하여금 질문을 일으키고 이 질문을 정지하지 않게 만든다.

우리들 자신인 포월자는 또한 사실에 그 한계가 있다. 비록 우리가 인식하는 모든 것을, 이것들은 우리들에 대해서 대상이 될 수 있는 양식을 가져야만 하기 때문에, 우리가 형식에 따라 생산한다 하더라도, 우리는 그 현존재에 있어서 가장 작은 티끌 하나도 생산하지 못한다.

그러므로 존재 자체는 과학적 탐구 가능성에 있어서는 개관되지 않는 것으로 현상에 나타나지만, 자체로서는 끊임없이 후퇴하여 오직 우리가 경험이 진행됨에 따라 규정적인 현존재로 또는 모든 특수성에 있어서의 생기(生起)의 법칙성으로 마주치는 것에만 간접적으로 나타난다. 우리는 이를 '세계'라고 부른다.

우리들 자신인 포월자는 그 자체가 무엇에 의해 존재하는가 하는 질문에서 또 하나의 한계에 부딪힌다. 곧 존재는 비록 간접적으로나마 과학적 탐구의 경험에는 나타나지 않는 '초월자'이다. 초월자는 절대적으로 포괄하는 자로서 확실히 '존재하는' 동시에 볼 수도 없는 것이며, 또한 알려지지도 않는 것이다.

3 실 존
─포월자의 모든 양식에 생명을 부여하고 기반이 되는 것─

　지금까지 설명해온 포월자의 양식을 전체적으로 볼 때, 사유 가능한 것을 주시하는 데 빠지지 않고 본래적인 존재에로 다가가고자 하는 철학적 탐구자는 깊은 불만을 느낀다. 그는 그가 지향하는, 언뜻 보아 무한히 풍부한 다양성의 범람 속에서 너무나 아는 것이 적고, 또한 그는 전술한 바와 같이 파악된 포월자의 모든 차원에서 존재 자체를 찾아내지 못하고, 또한 그는 마치 공허한 것과 같은 광대한 공간으로 해방되는 것이다. 초월자는 마치 관계가 없고 알 수 없는 것 같으며, 정신은 거대한 전체성이기도 하다. 그 안에서는 자기 자신, 곧 내면성 중 가장 내면적인 것으로서 각 개인은 마치 사라져버리는 것 같다. 철학적 사유의 중심점은 가능적 실존의 의식에 있어서 비로소 도달된다.

　실존은 모든 지평선이라는 광대한 공간의 의미에 있어서가 아니라, 그것 없이는 모든 광대한 공간이 몽롱해지는 자기 존재의 조건으로서의 '근원'이라는 의미에 있어서 포월자이다. 실존은 그 자체는 결코 대상이 되거나 형태를 취한다는 일 없이, 포월자의 각 양식의 의미를 맡고 있다.

현존재·의식 일반·정신은 동시에 세계 안의 어떤 것으로 나타나고 경험할 수 있는 현실성으로서 과학적 탐구가 가능해지지만, 실존은 과학의 대상이 아니다. 그럼에도 불구하고 여기에 세계에 있어서 우리들에 대해 진실한 의미를 획득하는 모든 것이 그 주위를 회전해야 하는 차축(車軸)이 있다.

우선 실존은 새로운 협착화(狹窄化) 같다. 왜냐하면 실존은 언제나 하나의 실존으로서 다른 실존과 함께 존재하기 때문이다. 마치 포월자의 광대함이 총괄적인 정신의 현실성에 직면하면 단지 점과 같은 무로 보일, 자기 존재의 그때그때의 독자성으로 돌아가는 것같이 보일 것이다. 그러나 말하자면 일정한 의식이나 정신의 경험적 현존재의 육체에 있어서의 이러한 비좁음은 사실은 역사성으로서 존재 깊이의 유일, 가능한 개현(開顯)이다. 포월자의 모든 양식에 있어서 자기 존재는 비로소 자기 자신을 실존으로서 참되게 인식할 수 있는 것이다.

우선 실존을 의식 일반에 대비해보면, 실존은 나의 근거의 은폐성이며, 나의 근거에 초월자가 나타나는 것이다.

나 자신인 포월자는 언제나 오직 타자와의 관계에 의해서만 존재한다. 나는 대상적 존재라는 타자—나는 이 타자의 제약 밑에서 현존하고 또 이 타자와 교섭한다—를 발견함으로써 의식인 것과 마찬가지로, 나는 힘으로서의 초월자—이 초월자에 의해 나는 본래적인 내가 된다—에 대한 앎과 일체가 됨으로써만 실존인 것이다. 타자는 의식 일반에 대한 세계 안의 존재들이거나 또는 실존에 대한 초월자이다. 이러한 이중적인 타자는 실존의 각지에 의해서 비로소 명백해진다.

실존이 없으면 초월자의 의미도 없어진다. 그것은 관계가 없고 인식되지 않는 것, 근저에 있는 것으로 생각되는 것, 고안된 것, 또는 의식적인 현존재에 대해서는 무시무시한 것, 위협적인 것, 따라서 미신이나 불안처럼 심리학적으로 연구되어야 할 현존재—이러한 것은 오직 의식 일반에 의한 사실에 대한 이성적 통찰을 통해 극복되어야 마땅하다—일 뿐이다. 오직 실존에 의해서 초월자는 기만적인 미신이 아니라, 결코 소멸하지 않고 본래적인 현실성으로 명백히 나타난다.

다시 실존을 정신에 대비하면, 실존은 정신에 대한 반발인 것 같다.

정신은 전체가 되고자 하는 것이며, 가능적 실존은 '본래적'이고자 하는 것이다.

정신은 일반적으로 이해되는 것, 전체에 있어서 자기 자신으로 돌아오는 것이며, 실존은 비이해적인 것, 실존으로서 실존에 대립하여 또는 함께 존재하는 것이며, 절대적인 전체에 도달함이 없이 모든 전체를 돌파하는 것이다.

정신에 있어서는 완전한 명석성 자체가 존재의 근원이 되며, 이와 반대로 실존은 정신의 밝음에 있어서도 언제나 지양되지 않는 어두운 근원이다.

정신은 모든 것을 보편자와 전체자로 지양하고 소멸시킨다. 곧 개인은 정신으로서는 그 자신이 아니며, 말하자면 오히려 우연적인 개체와 필연적인 보편자의 통일인 것이다. 그러나 실존은 타자로 지양될 수 없는 것이며, 바로 자기 자신에게만 집착하는 것이며, 대체할 수 없는 것이다. 따라서 모든 현존재, 의식 일반 및 정신과 대립하여 초월자와 직면하고 있는 본래적인 존재자이며, '실존은 오직 초월자에게만 남김없이 자신을 바친다.'

정신은 모든 개별자를 보편자에 의해 파악하려고 하며, 개별자를 보편자의 한 예로서 인식한다. 또는 전체자에 의해 파악하려고 하며 개별자를 전체자의 한 요소로 본다.

타당한 보편자로부터 이끌어낼 수 없는 결단의 가능

성으로의 실존은 시간에 있어서의 근원이며, 영원성을 보편적인 개념이 아니라, 시간성에 의해 파악되려는 역사성으로의 개별자이다.

역사적으로는 정신은 회상에 있어서 명석한 전체성으로서 나타난다. 그러나 실존은 역사적으로는 비록 정신에 의해 명료화될 수는 없다 하더라도 시간에 있어서의 영원성으로 그 구체적인 현존재의 절대적인 역사성이다. 그러나 실존은 단지 모든 시간적 현존재―이는 그 자체만으로서는 언제나 정신적인 전체화로 확대되거나 변화되어야만 한다―의 미완성이나 기울어짐이 아니라 본래적으로 철저한 시간적 현존재, 곧 시간성과 영원의 통일이라는 역설이다.

정신의 직접성은 싹으로서의 이념이며, 이 이념의 일반성은 완전한 밝음으로 전개된다. 이와 반대로 실존의 직접성은 초월자와 관계하는 역사성, 곧 '실존의 신앙의 지양할 수 없는 직접성'이다.

정신의 신앙은 보편적인 이념의 생명이며, 이 이념에 있어서 궁극적으로는 '사유는 존재다.'라는 말이 성립된다. 그러나 실존의 신앙은 실존 자체 안의 불가해한 것이며, 이 불가해한 것을 근거로 모든 것은 실존에 대해 안정 되고, 또 이 불가해한 것 속에서 실존에 대해 정신·의식 일반·현존재가 결합되고 폐쇄되며, 이 불가해한 것 자체가 처음으로 충동과 목적을 갖게 되는 것이며, 따라서 키에르케고르의 '신앙이 존재다.'라는 말이 타당한 것이다.

실존이 자기 자신을 이해한다 하더라도, 그것은 타자에 대한 이해, 또는 이해하는 자를 떠나서 어떤 내용의 이해를 의미할 수 있는 그러한 이해, 또는 방관이 아니라 그것은 '해명에 있어서 비로소 자기 자신이 되는 근원'인 것이다. 그것은 타자에 관여하는 것이 아니라 이해와 이해되는 존재가 일체가 된다. 그것은 보편적인 이해는 아니지만, 〔정신을 매개로 한〕 일반적인 이해를 넘어서는 도상에 있어서 절대적으로 현재적인 것이나, 행위나, 사랑이나, 절대적 의식의 모든 형태에 있어서 일반화하는 일이 없는 이해이다.

그것은 내가 다른 사람의 사랑을 이해하나 결코 본래적으로 이해할 수 없다는 사실과, 나는 나의 사랑을 그것이 사실상 나의 것이기 때문에 이해한다는 사실의 차이와 같다. 또는 같은 사실이지만 내가 모든 것에 감정을 이입(移入)함으로써 생기(生起)와 체험을 이해하는 것과, 내가 초월자와 직면해 있음을 알기 때문에 독자적임을 이해하는 것의 차이와 같다.

우리가 실존을 의식 일반에 소속시키는가, 또는 정신에 소속시키는가, 또는 포월자의 각기 다른 양식들에 소속시키는가, 하는 데 대해서도 같은 말을 할 수 있다. 곧 실존이 없으면 모든 것이 가면적 존재, 단순한 가능적 존재, 또는 단순한 현존재가 되기 때문에, 모든 것은 마치 공허한 것 같고 빈 것 같으며 토대가 없는 것 같으며 순수하지 못한 것이 된다.

4 이 성

―포월자의 각 양식의 유대―

 우리는 포월자의 양식들을 고찰했다. 즉 타자로서의 존재는 세계〔경험적 현존재로서 보편타당한 탐구가 가능한〕이거나 또는 초월자〔존재 자체로서〕였다.

 우리들 자신인 포월자의 존재는 우리들의 현존재〔아직 무규정적이며 총괄적인 현존재적 현실로서〕이거나, 의식 일반〔우리들에 대해 존재가 모두 대상적·합리적으로 보편타당화하는 장소로서〕이거나, 또는 정신〔이념에 의해 생명이 주어진 의식의, 내적 연관을 가진 운동의 한 전체로서〕이었다.

 그러나 이러한 포월자의 모든 양식에 생명을 부여하고 또 이러한 각 양식을 언어로 삼는 근원으로서는 그것으로부터 나는 나를 맞이하고 또 그것에 대해서만 비로소 초월자가 현실적인 것이 되는 자아 존재의 어두운 근거요, 은폐성으로서 우리는 실존을 취급했다.

 실존에는 포월자의 모든 양식의 연관을 목적으로 하는 타자가 불가분하게 결부되어 있다. 이 타자는 새로운 전체가 아니라 부단한 요구요 운동이다. 그것은 포월자의 부가적인 양식이 아니라, 포월자의 모든 양식의 유대이다. 그것을 '이성'이라고 부른다.

이성은 역사에 있어서 어떠한 것이었던가? 어떠한 것으로 파악되었는가? 키에르케고르와 니체에 있어서는 어떠한 의미를 가졌던가? 이성은 이성에 대한 신뢰를 획득했을 경우, 또는 이성에 대한 불신이 일어났을 경우, 어떻게 생각되었는가? 이것은 어떤 경우에 있어서나 문제가 된다. 포월자의 각 양식의 해명은 이성은 어떠한 것으로서 타당한가 하는 문제를 명백히 해야 한다.

이성을 대상적으로 명료한 사고, 곧 명석하지 못한 것을 명석한 것으로 변화시키는 것이라고 한다면, 이성은 의식 일반의 포월자 이상의 아무것도 아니다. 이러한 것으로서는 이성을 독일 관념론의 전통에 따라 '오성'이라고 부르는 편이 더 좋을 것이다.

이성을 전체성에의 길, 곧 이념의 생명이라고 한다면 이성은 정신의 포월자다.

그러나 이성이 포월자의 모든 양식에 있어서의 사유의 우월을 의미한다면 그것은 단순한 사유 이상의 것이다. 이성은 모든 한계를 넘어서고, 편재적(偏在的)이기를 요구하는 사유이며, 이러한 사유는 생기의 법칙성과 질서라는 의미에서 보편타당하게 알 수 있는 것과 그 자체가 하나의 이성적 존재인 것을 파악할 뿐 아니라 타자를 백일하에 드러나게 하고, 나아가 절대적으로 반이성적인 것과 접촉하고, 그렇게 함으로써 비로소 반이성적인 것 자체를 존재로 만들면서, 반이성적인 것과 맞서 있다. 이성은 사유의 우월에 의해서 끊임없이 한계를 넘어섬으로써 그 자체는 다른 각각의 포월자와 같은 포월자가 되지 않은 채 포월자의 모든 양식을 해명할 수 있다. 이성은 말하자면 끊임없이 물러나며, 이성 자신이 그 안에서 움직이는 포월자의 양식의 형태는 파악될 수 없는 것으로서 그 밖에 남아 있는, 본래적으로 포월하는 자이다.

이성은 결코 고유한 근원은 아니지만, 이성은 총괄적인 유대이기 때문에 모든 근원을 처음으로 드러나게 하는 근원처럼 보인다. 이성은 어떠한 것에도 멈추지 못하게 하는 불안정이다. 이성은 우리들 자신인 포월자의 각 양식에 있어서 아직 무의식적인 것의 직접성과의 절연을 수행한다. 이성은 끊임없이 전진한다. 그러나 이성은 또한 궁극적으로는 커다란 안정을 획득할 수 있으며, 이 안정은 소위 자족적(自足的)인 이성적 실체의 안정이 아니라 이성에 의해서 우리들에게 열려지는 존재의 안정이다.

철학적 사유에는 사라지지 않는 충동이 있으며, 이

충동이 상실되면 이성 자체도 멸망할 것이다. 곧 이성을 획득하려는 충동, 그리고 이성으로서 자기를 회복하려고 하되 이성을 자칭하는 것들이 빠지기 쉬운 일탈(逸脫)이나 협착화로부터 더욱 명료하게 자신을 구별하고 이성의 입장에서 이성에 대한 반대에 대해 이성의 권리와 한계를 설정할 수 있는 본래적인 이성으로서 자기를 회복하려고 하는 충동이 있다.

이성은 포월자의 어떠한 양식에서도 질식해서는 안 되는 것이니, 그 단순한 비좁음 가운데서 목적을 위해서, 그러나 맹목적으로 자기를 주장하는 현존재의 의지를 위해 현존재에서 또는 몰이해적인 무한한 정당성을 위해 의식 일반에서, 또는 관조할 수는 있으나 체험할 수는 없는 완결되고 조화로운 전체성을 위해 정신에서 질식해서는 안 된다.

이성이 일정한 형식에 궁극적으로 폐쇄될 때 이성은 언제나 너무 보잘것없다. 그러나 이성이 고유한 실체로서 나타날 때, 이성은 언제나 과대하다.

이성적인 태도에 있어서도 나는 무제한한 명료성을 원하며, 과학적으로 파악할 수 있는 인식, 경험적 현실 및 사유 가능한 것의 강제적 타당성을 파악하고, 동시에 나는 과학적으로 통찰이 가능한 것과 명료성 일반의 한계에 대한 의식을 갖고 살며, 그럼에도 불구하고 나는 포월자의 각 양식의 모든 근원으로부터 사유에 있어서의 보편적인 전개로 다가가며 언제나 무사상성(無思想性)을 포기한다.

그러나 이성 자체는 무시간적인 존속체는 아니며, 진리의 안정된 왕국〔비록 그것을 획득하는 데는 쉼없고 무한한 운동이 필요하지만, 그 타당한 의미는 변하지 않는 과학적 인식의 내용과 같은〕도 아니며, 존재 자체도 아니다. 또한 이성은 임의의 사상의 단순한 순간도 아니다. 오히려 이성 자체는 연관적이고 회상적이며 선구적인 힘이고, 이 힘의 한계에서 언제나 다시금 이성의 내용이 나오며, 이성은 부단한 불만을 표현하기 때문에 이러한 한계를 모두 넘어서는 것이다.

이성은 포월자의 각 양식의 모든 형식에 침투하여 그 자체로는 단지 유대에 그치는 듯한데 이 유대는 그 자신에 의해 성립하는 것이 아니라, 이 유대 자체이고 또 유대 자체일 수 있는 것을 타자로부터 만들어내고 있다.

이성은 통일을 갈구하지만, 의식 일반에서 알 수 있는 정당한 것의 평면이나, 광대하고 활동적인 통일적 형상으로서의 정신에 만족하지 못한다. 이성은 실존이 이러한 통일을 돌파하는 경우에는 단연 실존과 동행하며, 절대적인 격리 존재(隔離存在)의 심연에 대립하고 있는 실존을 사귐(Kommunikation)에 이르게 하기 위해 곧 다시 나타난다.

이성의 본질은 어떤 것을 법칙 또는 질서가 되게 하는 것, 또는 그 자체가 법칙 또는 질서인 보편자처럼 보인다.

그러나 이성 자체는 실존의 한 가능성으로서 법칙과 질서의 파괴에도 관계한다. 또한 이성은 밤에의 정열에 있어서 부정적인 것의 카오스가 이성을 위해 유일하게 가능적 실존의 양식을 보존하게 만들며, 사실 이성 자체는 이러한 극단적인 한계에 있어서는 전적으로 낯선 것에 의해 포기된다.

5 이성과 실존

　포월자의 모든 양식에서 마주치는 우리 존재의 거대한 극(極)은 '이성'과 '실존'이다. 이성과 실존은 분리할 수 없다. 하나가 상실되면 다른 것도 상실되고 만다. 이성은 절망적으로 개방성에 저항하는 폐쇄적인 반항을 위해 실존에 굴복해서는 안 된다. 실존은 그 자체가 실체적 현실로 혼동되는 명석성을 위해 이성에 굴복해서는 안 된다.

　실존은 오직 이성에 의해서만 명료해진다. 이성은 오직 실존에 의해서만 내용을 얻는다.

　이성에는 정당한 것의 부동성(不動性)과 임의의 무한성으로부터 정신의 이념의 전체성에 의한 생생한 결합으로, 또 이러한 결합으로부터 정신에 처음으로 본래적인 존재를 부여하는 담당자로서의 실존으로 나아가려는 갈망이 있다.

　이성은 타자, 곧 이성에 있어서 명료해지고 또한 이성에 결정적인 충동을 주며, 이성을 지탱하고 있는 실존의 내용에 의존하고 있다. 내용이 없는 이성은 단순한 오성일 것이며, 이성으로서는 지반을 상실할 것이다. 직관이 없는 오성의 개념이 공허한 것처럼, 실존이 없는 이성은 공동(空洞)이다. 이성은 단순한 이성으로서가 아니라, 가능적 실존의 행위로서 존재한다.

그러나 실존도 타자, 곧 자기 자신을 창조하지 않은 실존으로 하여금 처음으로 이 세계의 독립된 근원이 되게 하는 초월자에게 의존하고 있다. 초월자가 없으면 실존은 결실이 없고 사랑이 없는 악마적 반항이 된다. 실존은 이성에 의존하면서 이성의 밝음에 의해 비로소 불안정과 초월자의 요구를 경험하고 이성의 질문의 가시에 의해서 비로소 본래적인 운동을 일으키게 된다. 이성이 없으면, 실존은 활동하지 못하고 잠을 자며, 마치 없는 것과 같다.

그러므로 이성과 실존은 서로 결전을 위해 싸우는 두 개의 대립적인 힘은 아니다. 각각 타에 의해 비로소 존재하게 된다. 이성과 실존은 상호관계 속에서 향상하며, 또한 서로 명료성과 현실성을 발견한다.

비록 이성과 실존이 결코 궁극적인 전체가 되지는 못한다 하더라도 모든 순수한 현실화는 오직 이성과 실존에 의해서만 전체가 된다.

실존 상실의 이성은 가능한 한의 풍부함을 모두 갖추었다 하더라도 결국은 의식 일반의 단순한 지적 운동이나 정신의 변증법과 같은 임의의 사유에 빠지고 만다.

실존 상실의 이성은 자기의 역사성의 결합적 근거가 없는 지적인 일반자로 전락함으로써 이미 이성이 아니다.

이성 상실의 실존은 감성·체험·자명한 충동·본능 및 자의에 의존하며, 맹목적인 강제성에 빠진다. 그러나 이렇게 됨으로써 이러한 현존재적 힘의 경험적 일반자에 빠진다. 역사성이 없으면 무초월적(無超越的)인 자기 주장을 가진 우연한 현존재의 단순한 특수성 속에서 실존은 이미 실존일 수가 없다.

양자는 상호관계 없이는 존재의 참된 계속성을 따라서 참된 이성과 실존에 아무런 타산도 없이 고유한 신뢰성을 잃는다. 이성과 실존은 결국은 오직 사귐을 잃은 강제성의 형식에 의해 구별될 수 있을 뿐이다. 비록 고립된 이성 또는 고립된 실존이 있다 하더라도 이러한 것은 이미 그 이름에 알맞지 않다.

곧 그러한 이성이나 실존에는 오직 근거도 목적도 없이 자신을 협소하게 만드는 현존재의 영역에서 스스로 믿지 못하는 허위의 합법성의 베일을 쓰고 상호 파괴적인 현존재의 표현에 소용될 뿐인 형식화가 남아 있는 것이다.

그러나 어떠한 경우에도 시간적 현존재에 있어서 안정은 없다. 오히려 운동은 개별자와 보편자, 현실성과 광대함(Weite), 실존적 신앙의 자명한 직접성과 이성의 무한한 운동 사이의 긴장을 갖고 있는 실체의 근거에 의해 불가피하게 된다.

6 근본사상의 형식적 의미에 대한 반성

우리들 자신인 포월자와 존재 자체인 포월자로서 사고된 각 양식에 대해, 그리고 이성과 실존이라는 양극성(兩極性)에 대해 지금까지 개관하였으므로 이제 우리는 이러한 사상—모든 철학은 이러한 사상의 발전을 서술한 것이다—이 형식에 있어서 무엇을 의미할 수 있으며, 무엇을 의미할 수 없는가를 반성해보기로 하자.

세계 안에서의 우리의 대상에 대한 인식은 우리가 이러한 대상을 관련 속에서 보며, 그것을 상호간 '도출(導出)'한다는 형식으로 성립한다. 우리들에게 나타나는 것은 그것이 타자에 의해 파악됨으로써 이해된다.

그러나 철학적 사유에 있어서 포월자를 문제로 삼을 경우에 포월자는 세계 안의 대상처럼 파악될 수는 없다는 것, 특히 포월자의 각 양식은 포월자의 각 양식 안에 나타나는 특수한 것으로부터 도출될 수 없다는 것은 명백하다.

곧 포월자를 사유라고 부른다면 사유된 것으로부터 사유가 도출될 수는 없다.

포월자를 우리의 의식이라고 부른다면 의식에 대립

해 있는 존재로부터 이러한 의식이 도출될 수는 없다.

포월자를 전체라고 부른다면, 하나의 개별자—비록 이것이 매우 총괄적인 전체라 하더라도—로부터 이러한 전체가 도출될 수는 없다.

포월자를 현존재라 한다면, 일정하고 대상적으로 인식된 현존재로부터 이러한 현존재가 파악될 수는 없다.

포월자를 이성이라고 부른다면, 비이성적인 것으로부터 이성이 도출될 수는 없다.

포월자를 실존이라고 한다면, 포월자의 각 양식의 내용은 말할 것도 없고 어떠한 포월자의 양식으로부터도 실존이 도출될 수는 없다.

요컨대 우리와 대립한 존재자로부터 우리의 존재가 도출될 수는 없으며, 나에게 나타나는 것으로부터 나 자신이 도출될 수는 없는 것이다.

마찬가지로 존재 그 자체가 우리가 인식하는 존재자로부터 도출된다는 것도 있을 수 없는 일이다.

곧 포월자를 존재라고 부른다면, 다수의 존재자로부터 이러한 존재가 도출될 수는 없다.

포월자를 존재 자체라고 부른다면, 현상으로부터 존재 자체를 도출할 수는 없다.

포월자를 초월자라고 부른다면, 대상적인 것, 현실적인 것, 현존재로부터 무제약자가 도출될 수는 없다.

사유하는 인간에게는 언제나 다시금 이러한 모든 사유된 것을 포월(包越)하는 것이 떠오른다.

철학적 사유에는 포월자로 사유된 존재 일반으로부터 우리가 대상적으로 인식하는 특수한 존재들을 도출하고, 우리가 세계 안의 사물을 그 원인으로부터 파악하듯이, 우리들 자신을 포함한 전세계를 철학적으로 인식된 원천으로부터 이끌어내려고 하는 반대되는 경향이 있었다. 그것은 언제나 철학적 사유를 포기하는 극단적인 오류이다. 왜냐하면 포월자는 결코 그것으로부터 타자가 도출되는 것으로서는 인식될 수 없기 때문이다. 모든 사유된 총괄적인 대상, 모든 사유된 전체, 또한 대상으로서 사유된 모든 포월자는 대상으로서는 개별적이니, 그것은 자기 밖에 우리와 대립되는 다른 대상을 갖고 있기 때문이다.

포월자 자체―우리들 자신인 포월자로서도, 존재 자체로서의 포월자로서도―는 일정한 대상적 존재가 되는 것을 거부한다. 우리가 포월자 자체인 한에서만, 오직 포월자는 해명된다. 포월자가 존재 자체로 사유되는 한에서만, 과학적 탐구에 의해 그 현상에 있어서 무제한한 것으로 파악된다. 포월자가 초월자로서 말하는 한에서만, 그것은 절대적으로 역사적인 실존에 의해 청취된다.

또한 포월자는 어떠한 형태에 있어서도 포월자 자체로서는 인식될 수 없기 때문에, 이러한 포월자로부터 우리들에게 대립해 있는 존재들이 도출되지는 않는다. 포월자가 그 자체로서 미리 알려질 때에만 포월자로부터 존재가 도출될 수 있을 것이다. 그러므로 마치 인식적으로 존재 자체를 이미 지배하고 있는 것과 같은 잘못된 방법이 사용되는 것이다.

이러한 도출은 사유 가능한 것과 언제나 세계에서 우리들에게 나타나는 것의 모든 범주를 하나의 원리로부터 도출하려는 것으로서 언제나 관련 속에서 개별적인 분류를 하는 상대적 도출에 지나지 않는다. 완전한 도출에 한 번도 성공한 적이 없고 또 결코 성공할 수도 없다. 그러나 이러한 도출을 위한 노력은 한계의식을 예민하게 하는 가치를 갖고 있다.

현실적인 생기를 기초적 존재자의 이론으로부터 도출하는 것은 여러 가지 모델을 구성한다. 그러나 이러한 도출은 언제나 오직 한정된 현실성, 곧 경험적 현존재의 단순한 외관(外觀)만을 파악한다. 이러한 도출은 무제한하게 전진하는 인식의 기능임을 스스로 입증하고 있다. 이러한 도출은 가끔 그렇게 되기를 바라기는 하지만 결코 실재 자체의 인식은 아니다. 우리들 자신을 포함한 세계 존재 전부를 초월자로부터 [流出・발전・

인과 계열에 의해) 도출하려는 것은 공상적이다. 곧 창조 사상은 시원적(始原的) 비밀의 표현이며 불가해성의 표명이고, 질문의 근거 없는 근거에의 전락인 것이다.

포월자가 어떻게 사유되든, 포월자가 일시적으로 과학적 연구의 대상처럼 나타날 때에는 매번 사상은 한순간 다시 발판을 얻는 것 같다. 사실 이러한 일은 포월자의 모든 양식에서 일어난다. 오직 자기 행위의 한계 의식과 요구로써만 참된 것을 지식의 내용으로 획득하려고 하는 데에 언제나 오류가 있다.

포월자는 현존재·의식 일반·정신의 경험적 현실성으로서는 외견상 인간학·심리학·사회학 및 정신과학의 대상이 된다. 이러한 학문은 세계 안의 인간적인 현상들을 연구하지만 이러한 학문이 인식하는 것은 이러한 존재의 포월적 현실성은 아니니, 이러한 존재는 그 자체로서는 인식되지 않으나 항상 명백히 나타나고 있는 것이다. 어떠한 종교사나 종교사회학도 종교라고 일컬어지는 것에 있어서 인간의 실존 자체였던 것에 도달하지는 못한다. 이러한 학문은 그것을 사실에 따라 받아들이며, 또한 이러한 사실 설명에 대해서는 불가해하나 비약에 의해 관찰할 수 있는 것의 현실이 되는 것으로 보고 있다. 이러한 모든 과학은 과학이 결코 도달할 수 없는 것을 요구한다. 과학은 본래적으로 중요한 것과 교섭하려는 환상을 갖고 있다. 그러나 과학이 과학의 확정적이며 도출된 내재자에서 존재 자체를 파악하려고 한다면 과학은 기만하고 있다. 그러므로 이러한 보편적 과학은 공고하지 못하다. 과학의 모든 한계 설정은 오직 상대적일 뿐이다. 모든 과학은 각각 서로 교차한다는 형태를 취한다. 과학은 고유한 기반을 획득하지 못한다는 것 같으니, 과학은 과학에 의해 파악되자 이미 포월자가 아닌 포월자를 보고 있기 때문이다. 과학의 매력은 기만적이라는 데 있으나 과학에 의해 세계 안의 우리들의 현상에 대한 적절하고 상대적이며 무제한한 인식이 달성될 때 과학은 효과적인 것이 된다. 이성과 실존에도 명석성과 각성을 갈구하는 사유가 있다. 이성에는 철학적 논리학이 속하며, 실존에는 실존해명학이 속해 있다.

그러나 논리학이 만일 의식 일반에 의한 보편적 과학이 된다면, 논리학은 철학적 진리에 대한 것이 아니라, 전체에 대한 기만적 과학으로 전락한다. 하나의 원리로부터 전개된 거대한 범주론에 있어서는 형식상 존재 자체의 전부로 보이는 포월자의 전체나 창조 이전의 신의 사상 등이 투시되고 또한 반성될지도 모른다. 그러나 이러한 연구는 오직 사유한 형식의 가능성에 대한 정위 (定位)로서의 개방된 철학적 논리학의 내부에서 많은,

그리고 오직 추가적인 방향에 따라 대상적인 것의 현상에 대해 타당하게 진리를 가질 뿐이다. 그러므로 이러한 연구는 종말이 없을 것이며, 철저히 지배적이고, 또 이러한 연구를 산출하는 것으로 보이는 원리를 갖지 못하게 될 것이다. 이성의 자기 해명으로서 논리학은 철학이며 이미 대상적이고 전체에 대한 억측된 인식은 아니다.

실존 해명은 실존을 인식하는 것이 아니라 그 가능성에 호소하는 것이다. 이것이 실존주의가 되면 그것은 인식된 대상을 나타내는 말이 될지도 모르고 또한 실존 해명은 한계를 각지하고 독자적인 근거를 해명해야 하기 때문에, 세계의 현상을 인식하고 평가하면서 이를 자기 개념에 포섭시킴으로써 더욱더 깊은 오류에 빠질지도 모른다.

따라서 고정화 · 고립화 · 절대화가 있는 경우에는 언제나 포월자에 대한 본래적 사상은 상실된다. 대상화된 포월자에게는 이미 참된 포월자가 존재하지 않는다.

포월자의 근본 사상은 말하자면 우리들의 습관화된 지식의 모든 자연적 대상성으로부터 우리를 벗어나게 하는 전향하는 사상이다. 우리는 세계 안에서 사물과 내용과 대상에 관계하면서도 이러한 모든 것들을 어떠한 것으로 소유하고 생각하며 또 욕구하는가에 대해서는 전혀 묻지 않는다. 우리는 여러 진리를 주장하지만 도대체 진리란 무엇인가에 대해서는 묻지 않고 있다. 우리는 세계 안에서 여러 가지 질문과 관계하지만 묻는 자에 대해서는 전혀 문제삼지 않는다. 도달할 수 있는 것과 알 수 있는 것이 중요한 것처럼 실천과 탐구에 있어서 중요한 것에 사로잡혀, 우리는 행위와 소유와 탐구의 이러한 전체적 존재에의 질문이 출발되는 한계를 넘어서지 못한다. 이와 반대로 포월자의 사상은 대상에 대한 습관적인 인식을 지양함으로써 우리들에 대해 존재하는 모든 존재의 한계를 인식할 것을 요구한다. 포월자의 사상은 언제나 대상적인 것에 대한 인식의 한계를 설정함으로써 이러한 사유에 있어서 현실적인 인간과 이러한 인간이 마주치는 모든 존재를 인식 가능성과 이미 고정된 인식(Erkenntnis)이 동일하다고 하는 잘못된 사상의 비좁음으로부터 해방시킨다. 포월자의 사상은 '이미 알려진 존재(Gewußtsein)'로서 죽은 존재를 포월한다고 이에 생명을 부여한다. 그것은 단순하나 철학적으로 무한한 효과를 갖는 사상이다.

첫째, 포월자의 사상은 사유자 자신에 관계한다. 나는 나 자신을 알고 있지만[自我圖式[1]) 및 그 실현의 모든 양식으로서], 그러한 나는 본래적인 나 자신이 아니다. 내가 나 자신을 대상화하는 순간마다 나는 동시에 대상 이상의 것, 곧 이러한 방식으로 나 자신을 대상화할 수 있는 존재이다. 나의 존재의 모든 규정성은 대상화된 나에게만 관계된다. 그러나 나는 이러한 대상화된 나로서는 오직 한 측면과 특수성에 있어서만 나를 재인식하며, 나 자신으로서 재인식하는 것은 아니다. 그러나 내가 나를 대상화함으로써 나를 현존재·생명·자연으로 이해하고, 그것도 배타적으로 이해하고 또한 내가 객체(客體)인 한에서만, 그리고 내가 객체인 그대로만 나를 파악한다면, 나는 동시에 나를 상실하고 내가 파악한 나와 나 자신이 무엇이 될 수 있는가 하는 가능성을 혼동한다.

포월자의 존재에는 자아의식이 따르며, 이 자아의식은 자신을 현존재와 생명으로 보는 것과 마찬가지로 의식 일반과 정신으로서 한계의식을 획득하기도 한다. 그러나 이성과 실존으로서 이 자아의식은 비로소 어떤 한정된 외관에 절대화됨으로써 빈약해지거나 또는 자기의 가능성을 말하자면 저버리는 일 없이, 자기 자신을 각지한다.

그러나 우리가 엉뚱하게도 나 자신을 본래적인 존재로서 곧 현존재 의식 일반 정신에 대하여 나를 초월자로서 이해하려고 한다면, 나는 다시금 허위의 자기신화(自己神化)에 있어서 자신을 상실하고 가능성 실존이나 그 실현이 되지 못한다.

 모든 인식 가능한 세계 존재에 대하여 나는 '나 자신'이라는 것, 그리고 동시에 초월자에 의해 나 자신이 창조한 자유 속에 있게 되었다는 것—이와 같은 시간적 현존재에 있어서의 인간의 입장을 지키는 것, 그것이 좁은 길에 주어진 과제이건만, 인간은 자기 자신에 대한 사상이나 이러한 사상에 따르는 현실적 행동에 있어서 이 길로부터 빗나가는 경향이 짙다.

 둘째, 이 사상은 모든 알려진 존재 자체에 관계된다. 나는 이러한 타자를 나 자신과 마찬가지로 인식하는데, 그 자체로서가 아니라 나에게 현상되는 대로 인식한다. 알려진 존재는 결코 존재가 아니다. 내가 존재 자체를 알려진 존재로 해소시키는 순간 언제나 나에게서 초월자가 사라지고 나 자신은 나에 대해 모호해진다.

 그러나 우리는 끊임없는 일탈에도 불구하고 포월자를 우리에게 현실적으로 명백히 나타나게 하기 위해서 이를 사유해야만 하며, 따라서 처음에는 그때그때의 잘못된 규정에 있어서나마 포월자를 사유하고 다음에는 포월자를 이러한 방법으로 고찰하는 전체적 과정을 통해, 대상화될 수 없는 근원에 다가가기 위해서 잘못된 규정을 넘어서지 않으면 안 된다.

〔原註〕
1) 「자아도식」에 대해서는 나의 ≪철학≫ 2권, ≪실존해명≫ p.27 이하를 참조할 것〔*Philosophie*, 3Bde, Berlin, Springer, 1932〕.

7 철학적 성과

철학적 사상의 목적과 의의는 대상에 대한 지식에 있는 것이 아니라, 오히려 '존재의식'과 사물에 대한 '내적 태도'의 변화에 있다.

포월자의 의미를 분명히 한다는 것은 하나의 가능성을 창조한다는 의미를 갖는다. 이에 대해 철학하는 자는 다음과 같이 자기 자신에게 말한다.

곧 '포월자의 자유로운 공간을 보존하라! 알려진 존재에서 너 자신을 상실하지 말라! 초월자로부터 분리되지 말라!'

시간적 현존재의 사유에 있어서는 언제나 포월자의 각 양식의 계열이 순환적으로 새로이 운행하게 된다. 포월자의 양식 중에 어떤 한 양식에 정지하여 안주할 수는 없다. 한 양식은 다른 양식을 요구하게 마련이다. 한 양식을 상실하면 다른 양식도 모두 참된 것이 아니다. 그러므로 철학하는 자는 포월자의 이러한 양식 중 어느 하나라도 빠뜨리지 않으려고 노력한다.

각 양식들은 상호관계를 갖고 있다. 각 양식 간의 긴장은 파괴적 의지에 의한 투쟁이 아니라 고무요 향상이다. 그러므로 이성과 실존이라는 철저한 양극성을 배타적인 관계로 만들어서는 안 된다. 오히려 이성과 실존은 적대관계 속에서 서로 방어하는 대신, 상호적인 의문화(疑問化)를 통해서 성장하지 않으면 안 된다.

이러한 관계는 동일한 종류의 상호작용이 아니라, 상하관계이다. 상위의 것이 직접 하위의 것으로부터 나온다든가, 또는 하위의 것의 제약 밑에서 어김없이 성립한다는 것은 하위의 것으로부터는 기대할 수 없는 일이다. 왜냐하면 상위의 것은 고유한 근원을 갖기 때문이다. 이와는 반대로 하위의 것은 상위의 것에 의해 생산되지는 않지만, 상위의 것은 하위의 것에 위계(位階)와 한계를 부여한다. 그러므로 포월자의 각 양식은 각기 다른 것에 의존하고 있다는 것과 이러한 의존 방향을 결코 잊지 말아야 한다.

포월자의 각 양식이 이성의 밝음에 비추어 아직은 비교적 어두운 것으로 보이는 한에 있어서는 이성 이상의 것과 이성 이하의 것 사이에는 외관상 유사점이 있다. 이와 같은 사실이 명백해지면 철학하는 사람에게 다음과 같은 요구가 생긴다. 곧 '실존과 현존재의 생명력을 혼동하지 마라.'

이와 같은 철학적 사유에 대해 자유로운 공간이 개방되지 않는다면, 가능적 실존의 의식이 끊임없이 현존하지 않아서 해방된 사유는 광활한 가운데서 길을 잃은 듯이 위험해 보인다. 그러나 포월자에 대한 참된 사유는 해명된 방향의 전범위로부터 보다 더 결정적으로 나의 현재적 존재의 구체적인 역사성으로 되돌아온다. 이제 비로소 이러한 사유는 비좁음 가운데서 사상을 상실하고 맹목적이며, 관계 없는 것으로 사라지지 않고 존재할 수 있게 된다. 또한 이제 비로소 오성의 단순한 보편자의 공허성이나 현존재의 무의미한 사실성이나 공허하고 단순한 피안(彼岸)에서 자기를 상실하지 않고 광대한 공간 전체를 파악할 수 있다. 역사적 깊이의 규정성은 무제한하게 광대한 공간의 개방성에, 기반 위에 선 진리는 존재의 기반 없는 비폐쇄성과의 관계에, 실존은 이성에 결부된다. 내가 사유하면서 깊이에 침투하면 할수록 나의 사랑은 그 역사적 현재성에 있어서 더욱 참되어진다. 헬덜린은 '가장 깊은 것을 사유한 자는 가장 생명 있는 것을 사랑한다.'고. 말한다.

인간은 비광신적인 무제약성에 있어서, 개방된 결단성에 있어서 진리에의 길을 추구할 수 있다.

제3강 전달가능성으로서의 진리

包越者의 廣域으로부터 사귐에 의한 결합으로

앞의 강좌에서 설명한 포월자의 양식들에 관한 지식에 의해서 진리에 관한 질문에 대해 거대한 광역이 가능해진다. 포월자의 각 양식에 있어서 존재와 진리는 독자적이며, 각기 상이한 의미를 갖지 않으면 안 된다. 우리는 각 포월자에서 진리를 경험하고 또 양식 중 하나라도 빠뜨리지 않을 때에만 진리를 각지(覺知)할 수 있다.

그러나 포월자의 각 양식에 있어서의 모든 진리의 공통점, 즉 본래적으로 참되기 위해서는 전달될 수 있어야 한다는 것으로부터 발생하는 속박에 의해 포월자의 각 양식에 있어서 광역—이것은 단순한 광역으로서는 오직 무의미한 것이 될 뿐이다—으로부터의 귀환(歸還)이 발생한다.

우리는 인간존재의 이러한 근원적 현상을 설명하기로 하자. 곧 우리는 상호간 의식적으로 이해될 수 있는 공동체에 의해서만 우리들 자신이 될 수 있는 것이다. 개별자로서 독자적으로 홀로 있는 인간은 인간일 수 없다.

[인간과 동물의 비교] 동물은 모든 세대에 걸쳐서 유전과 자연적 성장에 의해 변함없이 반복되는 개체이다. 또는 동물은 본능에 의해 무의식적으로 종속되는 공동체를 형성하는데, 본능은 단지 반복될 수 있을 뿐이며

언제나 동일하고 비역사적이며 자연법칙에 따라 강제로 성립되는 형태를 만드는 것이니, 곧 임의로 대체할 수 있는 전체의 기능이다. 동물은 한편으로는 굳게 뭉쳐진 공동의 직접적인 현실에 빠지며, 또 한편으로 동물은 단순한 자연적 생기—동물 자신도 자연적 생기이다—의 본능적 과정에 있어서 일정한 시기가 되면 마치 아무 일도 없었다는 듯이 흩어져버린다. 동물은 본능에 의해 이해된다. 동물은 뭉치고 또 서로 신호를 주고받는 것 같고 개별적으로는 서로 굳게 결합되어 있지만, 이것은 인간의 결합과는 다르다. 인간도 이러한 결합에서 어느 정도 자기 자신을 전달하기는 하지만, 동물은 무의식적인 결합이기 때문에 생물학적 질서—인간은 그 의미를 파악할 수 없다—에 따라 다른 동물에 있어서도 변하지 않는 비역사적 동일성에 의해 결합된다.

이와는 반대로 인간은 개인으로서는 많은 동물보다 비교적 자유로우나 역시 공동체는 결정적인 제약이 되며, 인간의 공동체는 동물의 그것과는 본질적으로 다르다.

인간의 공동체에 있어서는 동물의 경우와 같이 자연법칙에 의해 신뢰가 주어지는 유사한 결합이라는 면은 미약하다. 순전히 생물학적 관점에서만 본다면 이 점에 있어서는 물론 전반적인 면에서 동물에 뒤떨어진다. 첫째, 인간 공동체는 본질적으로 직접적인 것이 아니라 '타자와의 관계에 의해', 곧 세계 안의 공통된, 이미 알려진 목적의 관계, 진리와의 관계, 신과의 관계에 의해 매개되는 공동체이다.

둘째, 인간의 사귐은 이러한 여러 관계에 있어서는 가능한 내용의 변천에 따라 언제나 움직이고 있다. 인간의 사귐은 정지점을 찾지 못하며, 동물과 같이 오직 반복될 뿐인 궁극적인 목적을 찾지도 못한다. 인간의 사귐은 역사적인 것으로 처음과 끝을 알아볼 수 없고, 또 회상과 지나간 것을 나의 것으로 만드는 일, 그리고 항상 새로운 미래의 계획에 의해 끊임없이 변화하는 도상에 있다. 그러므로 인간의 공동체는 모든 면에 있어서의 자기 확대 및 과거와 현재의 총괄을 계속할 수 있는 가능성이라는 점에서 동물의 공동체와는 정반대다. 그렇지만 인간의 공동체는 언제나 새로이 획득되고, 또 스스로 제한되었다가 다시 확대되고 검증과 촉진을 거치지 않으면 안 되는 불안하고 위험한 현실이다. 인간의 공동체는 자기 존재의 진리로서 궁극적인 상태를 갖고 있지 못하며, 오히려 그것이 참된 것이라면 오직 진리를 지향할 뿐이며, 따라서 우회와 오류와 역전(逆轉)과 후퇴의 긴장 속에 놓여 있다.

셋째, 이와 같은 운동의 방식에 의해서 인간존재는

단지 유전에 의해 존재하는 것이 아니라 전승(傳承)에 의해서 비로소 존재하게 된다. 새로운 인간존재는 모두 이러한 사귐으로부터 출발하는 것이지, 생물학적 사실로부터 출발하지는 않는다. 이러한 사실은 태어나면서부터 또는 태어나자마자 청각 장애를 일으켜서〔그들은 완전한 인간으로 교정하는 현대적 교육이 없었기 때문에〕 발달이 멈추어진 옛날의 불행한 농아에게서 매우 명백히 알 수 있다. 그들은 말을 알아듣지 못하므로 말을 사용하지 못하고 따라서 전통에 참여하지 못한다. 그들은 사실상의 백치와 거의 같은 존재이다.

인간과 동물의 이상과 같은 비교는 사귐이 인간존재의 보편적인 조건임을 보여줄 뿐이다. 사귐은 인간의 포월적인 본질이므로 인간과 인간에 대해 있는 것은 어떠한 의미에서든 사귐 가운데 존재한다. 우리들 자신인 포월자는 그 각각의 형태에 있어서 사귐이며, 존재 자체인 포월자(包越者)는 그것이 전달 가능성을 갖고 언어가 되거나 또는 호소할 수 있는 경우에만 우리들에 대해서 존재하게 된다.

〔사귐에 있어서의 진리〕 그러므로 진리는 사귐으로부터 분리시킬 수 없다. 진리는 오직 전달에 의한 현실성으로서만 시각적 현존재에 나타난다. 만일 우리가 진리를 전달과 분리시킨다면 진리는 응고해서 본질을 상

실한다. 그러나 사귐에 있어서의 운동은 일자(一者)에 있어서 진리를 유지하고 또 추구하는 것이다.

　나의 존재, 나의 참됨, 그리고 나의 진리파악에 대하여 다음과 같은 것은 일반적으로 타당하다. 곧 나는 사실상 나 홀로 있는 것이 아닐 뿐 아니라 나는 남과 근원을 같이하지 않고 나 단독으로서는 나 자신이 될 수도 없다.

1 우리 자신인 포월자에 있어서의 전달

현존재, 의식일반, 정신의 사귐

진리는 한 종류, 또는 하나의 진리, 유일한 진리일 수는 없다. 진리는 사귐의 양식에 따라 다양한 의미를 갖는 것이니, 진리는 사귐에 나타나는 것이다. 왜냐하면 진리는 동시에 거기서 전달이 생기는 포월자의 본질에 존재하며, 여기에서 전달이 현존재로부터 현존재를 지향하는가, 또는 의식일반을 지향하는가, 또는 정신의 이념에서 생기는가, 더 나아가 사귐이 포월자의 각 양식의 유대, 곧 이성에서 또는 이성의 기반인 실존에서 실현될 것인가 하는 것이 결정되기 때문이다.

이와 같은 포월자—우리는 이러한 포월자로서 사귐의 관계에 있다—에 의해 진리의 양식이 규정되며, 전달하는 자는 누구이며, 그것을 이해하는 자는 누구인가 하는 것이 규정된다.

우리는 마치 포월자의 각 양식이 서로 분리될 수 있기나 한 듯이, 각 양식의 특징을 개별적으로 다루면서 각 양식에서 생기는 전달의 문제와 함께 포월자의 각 양식을 분석해보기로 하자.

(1) 우리의 현존재의 포월자는 이미 과학적으로 인식된 현존재—우리는 이러한 것으로서 우리 자신을 알고 있다—와 동일하지 않으며, 오히려 동시에 그 생리학적·심리학적·사회학적 측면에 대한 모든 인식에 의해서 더 많은 인식 가능성이 과제로 남게 된다.

이러한 우리의 현존재는 무제한하게 자신을 보존하고 확대하고 싶어하며, 그렇게 함으로써 만족과 행복을 얻고 싶어한다.

이러한 목적을 성취하기 위하여 현존재의 포월자는 현존재를 보존하는 공동체의 사귐을 강요한다. 동일한 이해관계〔혹은 오히려 각자가 자기의 이해관계로 여기는 것〕는 또한 타자에게도 발견된다. 궁핍은 모든 현존재에 대해 공동의 위협이 되는 자연에 대항해서 또는 다른 공동체에 대항해서 단결하게 한다. 모든 개별적 현존재의 개별적 이해관계는 동시에 이러한 단결에 대해서도 긴장하고 있으며 거의 언제나 궁핍이 완화되면 다시 공동체를 파괴시킬 준비를 갖추고 있다. 칸트에 의하면 각자가 타자 없이는 생존할 수 없으나 또한 타자를 용인할 수도 없는 '비사교적 사교성'이 현존재의 근본적 특징이다. 이러한 현존재의 사귐은 다음과 같은 특색을 갖는다.

위험은 현존재에게 불가피한 일이 생기면 서로 빨리,

그리고 쉽게 이해하도록 강요한다. 그러나 어떻게 현존재에게 불가피한 일인가를 이해하는가 하면, 보편적인 대중적 체험에 근거를 두고 있으며, 이 체험을 말하면 누구나가 이해한다. 동일한 종류의 현존재가 무엇이 행복인가, 무엇이 만족인가, 무엇이 현존재에 필요한가를 결정하는 것이다.

더 나아가 현존재의 사귐에서는 위험이 크면 클수록 그만큼 모든 현존재의 의지의 통일이 결정적으로 필요하다. 이러한 통일은 오직 복종에 의해 이루어진다. 그러므로 현존재의 이익을 위해서 해야 할 일은 개인 각자가 결정할 수 없다.

그러나 이러한 결정이 어떻게 이루어지는가에 따라 여러 가지 통치형태가 생긴다. 공동체의 사귐에 있어서는 유일하고 전지전능한 명령자와 그 외의 아무런 생각도 없이 복종하기만 하는 모든 대중 사이에는 일의적인 관계가 있는 것이 아니라, 서로 이해하면서 그때그때 많은 사람이 모여서 결정을 내리기 위해 노력하는 다양한 조직에서 그 관계가 성립된다.

그러므로 현존재의 공동체에 있어서는 우리가 그 의미를 고립시키는 한에서는, 실용적인 진리 개념이 통용된다. 곧 진리는 이미 아는 것, 또는 결국 알게 될 것, 또는 무제약적인 것에 있는 것이 아니라, 이익이 되는 것, 결과가 좋은 것에 존재한다. 현존재 자체가 변화하는 것처럼 오직 상대적이고 변화하는 진리가 있을 뿐이다. 이러한 과정에서는 나의 적의 입장—오늘은 나에게는 부당한—이 내일은 상황이 달라짐에 따라 나의 의도에 적합한 것이 되기도 한다. 건설적인 행동이란 현존재의 공동체에 있어서는 끊임없는 절충이다. 절충은 진리이며, 이러한 진리에 있어서는 매우 타당하게 보이는 모든 입장은 역시 생기(生起)의 사실성에 의해 부정될 수 있다는 것이 망각되지 않는다. 그러므로 현존재의 공동체가 지속하기 위해서는 상호간의 대화의 기술이 발달해야 한다.[1)]

(2) 의식일반의 사귐은 임의로 대체할 수 있고, 서로 비슷한 것이 아니라 동일한 점적(點的)인 의식의 사귐이며, 이 점적인 의식은 가지적인 것의 주〔관과 객관, 형식질료, 어떤 것과 타자 등으로의〕 분열에서 모든 논리적 범주의 매개에 의해 누구에게나 타당한 것의 일반성을 부정적으로 또는 긍정적으로 파악한다. 그것은 의식의 현존재의 다양성에 있어서 자기 동일적인 의식의 사귐이다. 어떤 사물에 대한 개인적으로는 몰이해한 방향에서 전달이 생기며, 이 사물의 사실성이나 강제적인 타당성은 논증의 공통된 방법에 의해 탐구된다.

(3) 정신의 사귐은 하나의 전체 이념인 공동의 실체

로부터 자기를 형성하는 것이다. 개인은 고유한 의미를 전체로부터 받는 입장에 놓여 있다는 것을 자각하고 있다. 그의 사귐은 유기체에 속하는 한 구성원의 사귐이다. 정신은 자기 이외의 모든 것과 구별되지만, 자기 이외의 모든 것을 포월하는 질서라는 것들과 일치한다. 그들은 이념의 공통된 현현(顯現)에 의해 서로 전달한다. 이러한 전달에서는 마치 의식일반의 의미로는 분명히 알 수 없는 전체가 말하고, 무엇이 중요한가를 알리는 것 같다. 이러한 전체의 효과적인 내용에 의해 충만되지 않으면 전달은 즉시 무관심한 것, 자의적인 것으로 전락한다.

진리의 의미의 비교

우리들 자신인 포월자의 세 양식—현존재·의식일반·정신—에는 언제나 '고유한 진리의 의미'가 있다.

곧 현존재의 진리는 실천의 결과 밝혀진 유용성과 습관성에 의해 획득된다. 현존재의 진리는 자기 보존적이며 확장적인 현존재의 기능이다. 여기서 진리는 고유한 근원으로부터 오는 것이 아니라 자기 생산과 어떤 기간 동안의 지속이 가능하다고 확증된 것의 궁극적으로는 무목적적인 운동에 있어서의 실천을 위한 실천으로부터 온다.

의식일반을 매개로 하여 강제적인 정당성이 성립된다.

단순한 오성으로서 일반적으로 이해한다고 하는 한에 있어서는 누구나 이런 정당성을 통찰하지 않으면 안 된다.

오성적 존재에게는 보편타당한 것의 무시간적인 타당성으로부터 파악하는 기능으로 명증성(明證性)이 속한다.

정신을 매개로 이념에 의해 보증된 신념이 성립된다. 전체의 공동체에 소속된 나는 이러한 전체의 실체로부터 나의 입장에 따라 하나의 역사적 전체성에 속하는 것을 참된 것으로 인식한다.

이른바 실용적인 '확증'과 강제적인 '명증성'과 충만된 '신념'은 포월자의 세 형태의 진리의 의미의 양식이다.

포월자의 세 양식의 전달에 대한 또 하나의 비교는 전달하는 자의 존재와 관련된다. 사실 우리가 사용하는 언어는 그것이 사용될 때마다 동일한 의미를 갖지는 않는다. 자주 우리는 자신도 이해하지 못하는 말과 주장을 하는데, 이러한 다양성에 있어서 누가 말하는가 하는 문제가 중요해진다.

단순한 현존재로서 말한다면, 진리에 대해 진지하게 말하고 있는 것이 아니라, 현존재에게 이익이 되는 것―그것이 은폐된 것이든 또는 명백하게 의식되는 것이든―에 대해 말하고 있는 것이며 또한 현존재는 이러한 것을 의미·부(富)·힘의 분야에서 만족시키려고 노력한다. 또는 어떠한 형태로든지 언제나 애매한 행복이 현존재에 나타난다.

의식일반으로서 말한다면, 언어가 의미있게 보존되기 위하여 말과 대답에 대한 절대적으로 보편적인 이해 가능성이 생겨야 한다. 그러므로 의미있는 논증적 대화에서는 말은 일정한 것에 관계한다는 점, 말은 다의적이 아니라는 점, 모순은 지양된다는 것을 인정한다는 것이 필수적이다. 말하는 사람으로서 의식일반의 동일성에 관계하지 않는 자와 보편타당적인 것을 지향하는 대화를 한다는 것은 불가능하다. 의식일반의 동일성에 관계하지 않는 자는 생물의 단순한 현존재로서 '거의 식물과 마찬가지로'〔아리스토텔레스〕 혼돈된 상태에 있으며, 이러한 혼돈상태에서는 단지 혼돈된 것이 또는 숨겨진 현존재적 의지가 이해될 뿐이다. 그러나 의식일반으로서 말하는 자는, 그 자체로서는 공허하고 임의의 대체가 가능한 점과 같다.

정신에 있어서의 사귐을 가능하게 하기 위해서는 나는 의식일반으로서의 오성적 존재처럼 동일률과 모순을 인정하고 따르는 것만으로는 충분하지 못하다. 여기서 말하고 이해하는 자는 이념의 실체로부터 말하는 것이다. 그는 세계 안의 단순한 대상—이에 대해 그는 의식

일반으로서 알 수 있다—이 아닌 것에 의해 충만되어야 한다. 이러한 새로운 근원에서만 이미 말한 것의 뜻이 의미있게 파악되고 또한 이러한 뜻에 있어서 발전적인 사고가 가능하다.

우리가 자기 이해적인 공동체를 정신의 왕국이라고 부른다면 이 왕국은 세 가지 의미를 갖는다.

즉 현존재로서는 이 왕국은 생명적인 공감과 이해관계의 공동체이다. 이런 공동체는 끊임없이 움직이고 언제나 타자에 대해 자신을 제한하며, 자기 확정적이고, 다시 작은 단편으로 와해되는 공동체이다.

의식일반으로서는 이 왕국은 보편자의, 곧 모든 인간을 오성적 존재로서 현존재적으로는 무력하고 단순한 정당함에 의해 규정되며, 관심을 상실한 공동체에 동일하게 결합하는 보편성이다.

정신의 공동체로서는 정신의 각 구성원은 전체에 대한 지식에 의해 이념으로서의 전체에 결합되는데, 언제나 하나의 전체로서 결합되는 것이지 결코 전체 자체로서 그렇게 되는 것은 아니다. 그것은 전체성으로서 다른 전체성에 관계해야 하며, 또한 언제나 자신의 현실성에 미완성으로 남아 있다.

〔原註〕
1) 바움가르텐(E. Baumgarten)은 프랭클린에 대한 흥미 있는 연구

에서〔≪벤저민 프랭클린과 미국의 일상생활의 심리학(Benjamin Franklin und Psychologie des amerikanischen Alltag, Neue Jahrbücher für Wissenschaft und Jugendbildung, Februar 1933)≫ S.251tt〕이 일을 설명함. 그는 프랭클린이 이러한 사귐〔이것은 언제나 단순한 현존재적 사귐을 넘어서는 것이다〕을 위해서 어떻게 모든 원리를 전개하였는가를 보여준다. 인간 자신의 감수성은 고집과 숨겨진 현존재적 관심에 있어서 진리와 이 진리로부터 현재 정당한 것에 대한 지식을 소유하게 되었다고 생각하고 전혀 의심하지 않는 사람들에게 즐겨 서로 귀를 기울이고, 자신이 생각하고 계획한 것도 진지하게 의심해보는 세련된 태도를 요구한다. 아무런 의심도 없이 진리를 직접 주장하는 것은 모두 진리의 전달을 파괴하는 것이니, 그 자신이 전혀 문제가 되지 않을 경우에, 다른 사람은 진지하게 귀를 기울이지 않기 때문이다. 그러므로 진리 전달의 원리는 전달되는 진리 자체에 못지않게 중요하다. 효과적이며 진실한 승인은 내가 나의 의견을 인정하듯 남의 의견을 인정한다는 것, 곧 쌍방의 불변의 의견을 인정한다는 것이 아니라 나는 다른 사람의 의견을, 어쩌면 뒤에 나의 의견을 변경하는 데 소용이 될지도 모르는 의견으로서 주목한다는 것을 의미한다. 더욱이 협동작업은 어떤 사실의 결함을 동일하게 설명할 것을 요구한다. 무엇인가 완성된 것을 만들고자 하는 자는, 구체적인 사물에 잠재하는 가능성을 보지 못해서 완성이 아니라, 결국은 혼란에 빠지게 된다. 활동의 여지를 허용함으로써 합의가 가능해지며, 그 결과 앞으로 우리들이 구체적으로 변경시켜야 할 경험이 가능해진다. 또한 일시적으로 불가피한 행동을 가능케 하기 위해서 잠시 동안 전적으로 자기의 의견에만 따르는 행동을 정지할 것이 요구된다.

2 이성과 실존에 의한 사귐의 의지

사귐의 세 양식에 있어서의 불만

포월자의 세 양식에 있어서 인간적인 공동체에 대해서는 설명했거니와, 이것은 우리가 마주치는 각자의 계기에 있어서 진리가 하는 역할을 보여주기는 하지만 본래적으로 진리가 무엇인가는 아직 밝히지 못했다. 곧 그것은, 아직도 모든 사귐의 가능성의 궁극적 근거와 지반을 보여주지는 못한다.

전달에 의한 공동체는 이미 살아 있는 현존재에도 있고, 의식일반에도 있고, 정신에도 있다. 그러나 이러한 공동체는 단순한 현존재에서는 본능적인 공감이나 합목적적으로 한정된 이해관계일 뿐이며, 단순한 의식일반에서는 정당함에 대한 무관심한 일치일 뿐이며, 정신에서는 갑자기 협동을 거부할 수도 있는 기만적인 전체성의 의식일 뿐이다.

포월자의 각 양식에는 불만, 사귐과 진리의 양식에 대한 불만이 있다. 이러한 불만은 첫째로 이러한 양식 중 어느 하나도 단독적으로 성립할 수 없음을 보여주는 한계에 의해 이해된다.

곧 현존재는 만족·지속·행복을 추구한다. 그러나 무엇이 행복인가 하는 것이 언제나 애매하고 의심스럽다는 점에 현존재의 한계가 있다. 모든 소원이 이루어지는 사람이 있다 하더라도, 그는 그 결과에 의해 파멸될 것이다. 어떠한 행복도 영속적이 아니며 모든 성취는 기만적이다. 어떠한 목적도 갖지 않고 항상 욕구하기만 하는 의지의 의미 상실은 철학의 오래된 테마이다.

'의식일반'은 보편타당한 진리에 관계한다. 그러나 이와 같이 의심할 여지 없는 정당성은 오직 그것만으로는 무와 같고 무의미한 무한성만이 축적된다는 점에 그 한계가 있다.

'정신'은 전체의 이념을 파악한다. 그러나 정신에 용해할 수 없는 것의 비전체적, 우연적, 단지 사실적인 것의 현실성이 그 한계이다.

어떤 포월자가 '절대화'된다면 다른 포월자가 무시되고, 포월자의 한계가 경실될 때 나타나는 특이한 현상이 언제나 문제다.

(1) 자연적인 현존재 자체가 존재 자체로 설명될 뿐 아니라 실행된다면 어떤 일이 일어날 것인가? 또한 자연주의적 사상이 말해질 뿐 아니라 실현된 것으로 이해된다면, 곧 현존재의 포월자의 절대화가 실현된다면 어

떻게 될 것인가?

 의식일반의 보편타당한 진리와 정신의 전체성 이념이 동시에 포기된다. 처음에는 현실로부터 유리된 지적 사유와 단지 형성되었을 뿐인 정신의 기만을 깨닫는 진실이 나타날 것이다. 흔히 성립 당초의 '유물론'에는 오히려 실체를 정열적으로 희구하는 관념론이 사실상 작용하고 있는 경우가 있다. 그러나 결과적으로는, 사상작용 자체의 결론이 사실상 도출되는 한에 있어서는, 사상 자체의 작용에 의해 근원의 은폐된 의미—부정적 진실에 있어서 본래적 존재에 대한 의지로 오해되었던—는 상실된다.

 이때 나는 맹목적으로 단순한 현존재의 법칙과 현존재의 우연성에 따름으로써, 그 이상 아무것도 원하지 않게 된다. 따라서 타당하게 통찰될 수 있는 진리와 작용하고 있는 이념일반의 사귐을 단념하거나, 또는 이러한 사귐을 단순한 현존재의 폭력적이며 교활한 싸움이 일시적으로 지배권을 상실한 영역에서 지적 욕구나 사귐의 의지를 진정하게 기울이지 않고 언제나 기분으로서, 그리고 매력적인 시도로서, 따라서 기만적인 체험으로서 즐기게 될 가능성이 생긴다.

 자연에 대한 신뢰, 근원적으로는 존재의 근거에 대한 형이상학적 신뢰는 자연과학적 연구가 현상으로부터 탈

취한 인식이 되기는 하였으나 항상 의심스러우며 빈약한 법칙성에 대한 신뢰와 혼동된다. 맹목적인 자연의 신뢰에서는 인간의 현존재와 자연이 동일시되고, 자연과 인식 가능한 법칙성이 동일시된 때, 인간의 본성은 상실된다. 왜냐하면 이러한 법칙은 비록 그것이 완전히 인식되었다 하더라도 인간이 아니라 물질과 생명을 이해하게 하며, 오히려 이러한 관점에서는 위기에 처한 병든 동물이라고 부를 수 있는 동물의 종(種)으로서의 인간을 이해하게 만들 것이기 때문이다. 우리들에게 알려진 세계에 있어서의 유일한 가능성으로서 인간의 의식 때문에 인간은 동물적인 자연성과 자명한 일의성(一義性)에 있어서는 작용할 수 없는 그의 본능을 소박하게 긍정함으로써 자기 자신을 상실하며, 따라서 이리하여 생긴 그의 현존재·사고·정신적 가능성의 절망적인 혼란으로 말미암아 알 수 없는 힘 앞에 사려 없이 굴복하며, 오직 거기에 있기 위해서 그 자신은 멸망하는 것이다.

이러한 상태가 먼 장래까지 줄기차게 계속된다면, 동물에 유사한 현존재―다른 정신적 세계로부터 유래한 마치 개미집 같은 기술적 장치를 잔재로 보존하고 있는―로 다시 변화할지도 모른다. 그것은 오직 반복될 뿐, 역사를 상실한 생물의 한 종류에 지나지 않을 것이며,

이러한 생물은 인간존재로 놀랍기는 하나, 이제는 잊혀진 과도적 순간의 산물일 것이다. 그때 동화되고 현존재의 보존과 현존재의 확대에 유익함이 실증된 것은 이제 본능이 될 것이며, 자연적 현존재의 온갖 혼동을 겪으며, 다른 질서를 가진 생물과 마찬가지로 오랫동안 존속할 수 있다. 지구 표면의 생명의 조건들이 심각하게 변해서 이 단순한 현존재에도 궁극적인 파멸이 닥칠 때까지ㅡ.

(2) 의식일반의 사유가 자족적으로 순환된다면, 무시간적 타당성에 있어서 진리와 존재 자체가 파악되고 사물로부터 모든 상대성을 넘어선 질서와 법칙을 듣게 되기라도 하듯이, 의식일반의 사유는 무시간적 타당성을 절대화한다. 사유하는 의식이 존재로부터 유리되면, 살아 있는 현존재로서 그리고 정신으로서, 존재에 대한 책임도 없어진다. 소실(消失)되는 주지주의(主知主義)의 공허한 유희ㅡ사실상 심리학적으로 인식될 수 있는 충동성에 의해 인도된다ㅡ가 시작된다.

(3) 정신의 절대화는 단지 이해될 뿐인 내용의 풍부함에 의해 고양된 사유의 고립화의 양식이다. 자기 만족에 있어서는 공허한 교양의 세계가ㅡ향락과 비현실적인 동경의 대상으로서, 도피와 소극성의 영역으로서ㅡ우연적이며 유리한 현존재의 조건 밑에서 실현된다.

지금까지 설명해온 포월자의 각 양식에 있어서의 진리의 전달에 대한 불만은 이와 같이 개별적인 양식을 고립화하는 데 있을 것이다. 이런 관점에서 참된 사귐은 다음과 같이 요구한다고 말할 수 있다. 곧 어떠한 양식도 간과되어서는 안 된다. 이 양식들이 서로 대립하게 되면 각 양식을 관련시키는 근거가 사라질 것이다. 참된 사귐에 있어서 중요한 것은 각 단계의 한계, 따라서 그 자체의 불완전성을 아는 것이며, 각 단계 중 하나에 고정됨으로써 모든 단계를 통해서 파악되는 사귐의 가능성에 대해 기만해서는 안 된다.

여기서는 포월자의 각 양식의 결합은 상향적(上向的)인 계열에 있어서 언제나 오직 선행된 단계의 제약 밑에서만 후속되는 단계가 현실적일 수 있으며, 선행 단계를 후속 단계로부터 폐쇄적으로 고립시키는 것은 언제나 특수한 사귐의 단절을 의미한다고 설명할 수 있다.

그러므로 사귐에 대해 두 가지 형식적인 요구가 성립된다.

낮은 단계는 성취에 있어서 보다 높은 단계의 가능성의 제약 밑에 놓인다는 것, 곧 통찰할 수 있는 진리의 타당성과 정신의 이념의 제약 밑에 놓인다는 것에 의해 제한되어야 한다.

보다 높은 단계는 그 자체만이 고립적으로 실현될 수 없고 보다 높은 단계가 한정하고 돌파하며 동시에 확보하는 낮은 단계를 전제하고서 실현되는 것이다. 그러므로 지식욕은 인간적 현존재의 공동체에 있어서 실현된다는 것을—정신은 그 자체가 소멸되지 않으려면 철저히 현존재에 의존해야 한다는 것을—잊어서는 안 된다.

보다 높은 단계는 낮은 단계에 의해 성취가 가능해지거나 혹은 둔해지며, 반대로 낮은 단계는 보다 높은 단계에 의해 언제나 한정된 방식으로 인도되는 것이다.

그러나 보다 높은 단계는 현존재라는 면에서는 보다 약한 단계이다. 왜냐하면 낮은 단계는 비록 본래적인 진리는 갖지 못하더라도, 보다 높은 단계가 없이도 현존재로서 독자적으로 존속할 수 있기 때문이다. 이러한 점으로부터 다음과 같이 두 가지 결과가 생긴다.

첫째, 만일 내가 현존재와 관계하지 않고 포월자의 보다 높은 단계의 일의적인 요구를 맹목적으로 신뢰하고, 따라서 강력한 현존재 자체에 있어서 이러한 요구를 파괴한다면, 말하자면 책임은 현존재에 있는 것이다. 그래서 예를 들면 막스 베버는 정치에 있어서 일의적인 법칙성에 의해서 현존재를 편리하게 몰락시키는 심정(心情) 윤리학〔도덕적 원리에 따라 무제약적으로 행동하며 선을 추구했고, 또 그 결과는 신에게 맡긴다는 것으로 변명한다〕에 대해, 결과에 책임을 지는 책임윤리학〔비록 이러한 책임윤리학의 공식이 임의의 온갖 자의에 의해 다시 악용된다 하더라도〕을 대립시킨다.

나는 각 단계에 타당한 행동 방식을 고집함으로써 나와 나에게 속한 사람을 현존재적으로 보다 약하며 무력하고 몰락하는 상태로 몰아넣으며, 이 경우 나는 이 단계에서는 내가 행동하는 것이 아니라, 다른 사람의 간계에 빠져 있으며, 악용되고 있음을 알고 있다.

둘째, 불멸하는 현존재의 지속 자체는 의미있는 목적이 아니다. 인간은 단순한 현존재로서 존속할 수는 있겠지만, 이때 인간이기를 포기한 것이며, 세계의 모든 생물이 절멸된 다음에 죽은 물질이 의기양양하게 존속하는 것과 다를 바 없다. 그 위계(位階)가 낮으면 낮을수록 존재의 지속성은 더욱 커진다. 보다 높은 단계들은 보다 부동적이고 위험하며, 보다 무상한 단계이다. 시간에 있어서 지속하고자 하는 의지는—변화하고 충만된 역사성의 한정된 계속성 이외에는—보다 높은 단계에 있어서는 의미를 오해하게 된다.

그런데 포월자의 양식의 절대화나 고립화는 한계와 그리고 동시에 성립하는 비진리를 나타낸다는 것을 어디서나 알 수 있기 때문에, 만족하지 못한 사귐의 의지는 전달 가능성의 모든 양식은 생략되지 않을 권리를 갖고 있다는 요구에 의해 만족을 얻게 될 것이다. 내가 어떤 단계를 주목할 만한 가치가 없다고 하여 무시해버린다면, 일반적으로 나의 사귐의 의지 실현에 과오(過誤)가 있을 것이다.

더욱이 포월자의 각 양식은 그것들이 모여 총괄된 것이 나의 전체가 되는 상이한 것들의 병립이 아니라고 해서, 이러한 상이한 것들 가운데서 이른바 선택이라고 하는 양자택일을 포기하는 것만으로는 충분하지 못하며, 오히려 필연적으로 그 위계질서를 파악해야 한다.

그러나 이러한 모든 관찰 방법도 역시 우리들에게 무엇인가 불만스러운 것을 남겨놓는다. 마치 본질적인 것은 논의되지 않은 듯하다. 첫째, 포월자의 세 양식은 결코 그 자체로서 완전한 전체로 통일될 수 없다고 하는 점에서 결정적인 불만을 느끼게 된다. 포월자의 세 양식에 있어서의 사귐, 따라서 진리의 의미에 있어서 본질적 차이는 말소되지도 않고 또 가지적인 전체성에 융해되지 않는다. 포월자에 따라서 사귐의 양식들이 하나로 결합되어 시간적 현존재에 있어서 하나의 조화된 전체가 가능하다고 하는 것은 기만일 것이다.

둘째, 우선 사귐의 모든 양식을 종합하려고 노력하나 결국 그것이 불가능함을 경험하는 우리의 불만 자체는 그 무제한한 불만과, 모든 면에 개방된 용의로 보아 포월자의 세 양식 중 어느 하나에 소속될 수는 없다고 하는 '충동'으로부터 오는 것이다. 이러한 세 양식의 전달의지조차도 실존과 이성의 작용인 '보편적인 사귐의 의지'에 이바지할 때에 비로소 본래적인 에너지를 얻는다. 이러한 보편적인 사귐에 있어서 의지의 특징을 보기로 하자.[1]

실존적 및 이성적 사귐

공동체를 통해서만 자신을 유지할 수 있는 현존재의 근본 문제는 타자와 능동적으로 결합하기 위하여 우리는 어떻게 타자를 이해하는가, 그리고 어떻게 동일한 것을 생각하고 바라는가 하는 것이라 하더라도, 본래적인 인간의 본성인 이성과 실존은 이성과 실존의 사귐에서보다 더 심각한 문제에 봉착하지 않을 것이다.

실존의 사귐은 정신의 구성 요소, 의식일반의 보편타당성, 현존재의 현실성을 간직하면서, 그러나 또한 이러한 것들을 돌파하면서, 또 자기 자신이 되려고 하는 자의 '사랑하면서의 싸움(liebender Kampt)'에 있어서 언제나 이런 것들을 포월하면서 실현된다. 의식일반의 동일하며 언제나 임의로 대체할 수 있는 점적(點的)인 사귐과는 달라서 실존적인 사귐은 대체할 수 없는 개별자들 사이에서 이루어진다. 힘이나 우월, 파괴를 위한 현존재의 투쟁과는 달라서, 실존적 사귐에 있어서는 타자가 우월할 때만 그 결과로서 개인의 우월이 오는, 또한 타자의 모든 상실이 자기의 손실이 되는 동일한 수평선상에서 권력의지가 따르지 않는 실존의 내실(內室)을 위한 투쟁이 있다. 포월적 이념의 안전성으로서의 '정신적 공동체'와는 달라서, 실존적 사귐은 우리들에 대한 모든 존재의 분열성을 간파하지 않으면서 초월자를 위해 개방되어 있다. 실존적 사귐은 진리의 본래적인 현상으로서의 사귐의 운동을 끊임없이 점진적으로 실현함으로써 시간적 현존재에 있어서 투쟁의 불가피성과 진리의 비완성성을 표현한다. 자아존재(Selbstein)와 진리(Wahrsein)는 조건 없이 사귐 가운데 있다는 것을 의미할 뿐이다. 이러한 깊이에 있어서 자기보존은 바로 자기 상실이다.

실존은 다른 실존과 함께, 다른 실존에 의해서 그리고 동시에 다른 실존과 함께 자기 자신이 될 때에만 현현(顯現)한다. 이성과 실존의 결합에 있어서 본래적으로 인간적인 것은 육체적인 삶처럼 자연적으로 태어난 많은 동류(同類)로서 미리 현존하는 것은 아니다. 이러한 동류는 뒤에 발견되어 서로 결합된다. 오히려 사귐 속에 있는 자존적(自存的)인 본질을, 그러나 이러한 본질에 대해서는 오히려 마치 현존재에 있어서 우연히 이러한 본질이 발견되는 것이 아니라 영구히 결합되어 있는 것처럼 의식되는 것을 처음으로 사귐이 나타나게 하는 것 같다.

이러한 일은 언제나 새로운 역사적 상황에서 일어나기 때문에 사귐에서 전개되는 실존의 모든 형태는 역사적이어서 대체할 수 없고 본질적으로 결코 반복될 수 없는 자아존재와 역사적인 상호간의 무제약적 결합을 동시에 현현시킨다.

그런데 실존적 사귐에 있어서 이성은 전적으로 침투하는 것이다. 실존의 기반은 그 깊이에 포월자의 모든 양식에 현현하여 보편적인 유대인 동시에 모든 고정화를 몰아내는 불안정한 기관을 갖고 있다. 이성의 실체는 실존이기 때문에 본질에서 본질로 통하는 본래적인 전달이 생기며, 그 결과로 현존재적 현실성, 의식일반 및 정신은 마치 이러한 전달이 현상화된 육신처럼 되는 것이다. 전달이 없으면 이성은 잠시도 존재하지 못한다. 현존재적 현실성, 의식일반 및 정신은 모두 전달에 의해 운동하고 변화한다.

이성은 사유하면서 끊임없이 타자를, 곧 우리 자신이 아닌 존재인 세계와 포월자를 지향하는 가능적 실존이다. 세계와 초월자가 무엇인가 하는 것은 전달될 수 있어야만 하고, 따라서 우리들에 대한 존재가 되어야 하는데 세계와 초월자를 실존에 관계시키는 본질성에 있어서 그렇게 되어야 한다. 실존은 현존재, 의식일반, 정신에 있어서 무제한한 전진으로서 현현한다. 어떠한 광역(廣域)도 이성에 대해서는 충분한 것이 못 된다. 곧 세계정위(世界定位, Weltorientierung)에 있어서의 정열적인 지식욕으로서, 이성은 종말을 모른다. 어떻게 실존이 초월자에서 좌초하는가도 이성에 의해 해명된다. 그 자체로서는 오직 가장하여, 이성은 이성 자체 안에서 투명성의 방향으로 나아가고 있다. 이성에 의해 현현된 타자의 내용은 동시에 이로 말미암아 가능해진 사귐의 깊이에 대한 척도가 되며, 그 안에서 변화하고 개관할 수 없을 만큼 다양한 위계(位階)로 확대되어가는 인간의 본성에 대한 척도가 된다.

이성이라는 말에는 높은 뜻이 간직되어 있다. 그것은 단순한 오성, 정신성, 현존재적 필연성에 침몰해서는 안 된다. 그러나 이러한 의미는 직접적으로 언표(言表)되거나 확정된 규정에서 나타나는 것이 아니라, 오직 철학적 논리학의 운동에서만 나타난다.

전혀 대상화될 수 없는 이성의 근원이라고 하는 것, 어떠한 논의에서도 직접 인식될 수 없는 것이 확실히 현현하는 경우에 비로소 사귐은 근원적이며 제한받지 않는다. 사귐은 진리 자체이며 총체적인 사귐의 의지이다.

인간은 흔히 외견상 자기 자신처럼 보이고 게다가 전달되는 것으로서 나타나고, 또한 포월자의 세 양식에서 전달된 것과는 다시금 멀어지는 것으로서 나타나는 한편, '이성과 실존'으로서는 존재와 '사귐을 하는 존재(In-Kommunikation-Sein)'는 동일한 것이며, 인간은 참으로 자기 자신이 된다.

인간은 언제나 자신을 유보상태(留保狀態)에 두려고 하며, 그가 알고 행하는 것과 그 자신에 대해 미결상태에 두려고 하는 것은 인간이 무가 아니며, 또한 이와 같은 부동(浮動)상태의 형식적이며 공허한 점이 아닌 한, 어딘가에 한계가 있게 마련이다. 곧 그 자신이 되는 곳에 한계가 있다. 그 자신은 이성으로서의 그이며, 가능적 실존으로서만 그는 이성인 것이다. 따라서 이성과 실존은 포월자의 양식들처럼 객관화되지 않는다. 사상이 이성과 실존으로 초월함으로써 이성에 의한 실존의 사귐으로써만 존재하는 불가지적인 자아존재의 가능성의 각지에 도달하게 된다.

그러나 이성과 실존의 상호의존은 동일성은 아니다. 실존이 모든 사귐의 단절과 동시에 생기는 온갖 의미에 있어서 반이성적인 것의 한계를 발견한다면, 실존 자체는 오직 이성을 통해서만 이러한 자기의 가능성을 각지할 수 있다. 어떠한 사상이나 어떠한 존재도 따를 수 없는 이와 같이 부정적인 실존은 궁극적으로는 포기될 이성의 완전한 실현을 넘어서는 도상에서만—곧 포월자의 일정한 양식의 협역(狹域)에 전락하는 것이 아니라, 불가해한 초월자에서 무세계적인 상실이 됨으로써—참될 수 있다.[2)]

진리의 의미 특성의 비교에 대한 보충

실존과 이성이 말하자면 우리들 자신인 포월자의 세 양식의 기반이며 유대라고 한다면, 앞에서 말한 진리의 의미에 대한 특성 비교도 세 양식에 따라 보충된다.

우리는 현존재의 실용적인 실증, 의식일반의 명증성, 정신적 이념의 신념 등으로 진리의 의미를 구별했다.

나는 실존으로서는 신앙에서 진리를 경험한다.

신앙의 진리는 저 세 양식에서는 파악되지 않는다. 어떠한 실증적인 현존재의 활동, 어떠한 증명할 수 있는 확실성, 어떠한 안정된 전체성도 없는 곳에서 나는 진리의 깊이에 도달하며, 이러한 깊이에서 나는 나의 현실적 세계인 전체를 버리지 않고, 초월자의 경험으로부터 비로소 전체에 귀환하기 위하여 이러한 전체를 돌파하며 이제 전체 안에 있는 동시에 전체 밖에 있다.

우리는 진리의 의미에 대해서 이러한 진리를 말하는 자는 도대체 누구인가 하는 것을 구별했다. 실존적·이성적 사귐에서는 생명적인 현존재, 추상적인 오성적 존재, 완성된 정신적 존재일 뿐 아니라, 이러한 모든 것에 있어서 그 자신인 실존적 인간이 결정적으로 말한다.

우리는 정신의 왕국의 여러 양식을 구별했다.

실존은 초월자에 대해 개방된 실존의 비폐쇄적인 정신왕국에서 자기 자신을 발견한다. 포월자의 여러 양식에서 성장하는 공동체의 형식들은 이러한 왕국에서 비로소 혼을 획득하며, 한편 이러한 형식들은 다시 뛰어넘을 수 없는 현상이 되며, 이러한 현상은 실존의 실현이 이에 참여하면서 통과해야 할 조건이 된다.

〔原註〕
① 나의 《철학》 2권 PP.50~117 참조.
② 나의 《철학》 2권 PP.102~116의 〈낮의 법칙과 밤에의 정열〉을 참조.

3 진리 및 총체적 사귐의 의지의 의미

사귐의 특수한 각 양식에 대한 불만은 총체적 사귐의 의지에 이르게 하는데, 총체적 사귐의 의지는 유일한 사귐의 의지이며, 사귐의 모든 양식에서 본래적으로 충동하며 결합하는 사귐의 의지이다.

그러나 포월자의 세 양식에서 이성에 의해 가능적 실존으로부터 실현되는 이러한 사귐의 의지는 결코 완성되지 않는다. 왜냐하면 이러한 사귐의 의지는 언제나 포월자의 세 양식에 결합되어 있으며, 비록 각성되고 움직인다 하더라도 그때그때의 양식에 의해, 말하자면 흐려지기 때문이다.

그리고 이러한 사귐의 의지는 궁극적으로는 자신의 실존과 모든 다른 실존의 역사성에 의해 제한된다는 것을 알게 되는데, 이러한 역사성은 사귐을 그 깊이에까지 이르게 하는 동시에 사귐으로서의 진리의 다양성 앞에서 좌절시킨다.

시간에 있어서의 실존의 이러한 상황으로부터 첫째로 진리가 사귐에 결부되어 있을 때 진리 자체는 오직 생성되고 있을 뿐이며, 진리는 깊이에 있어서 독단적인 것이 아니라 사귐이라고 하는 결론이 나온다. 또한 진리는 생성되고 있다는 의식으로부터 비로소 현실에 있어서의 사귐의 의지의 철저한 개방성의 가능성이 생기며, 이러한 가능성은 역사적 순간 이외에는 완성되지 않고, 또 이러한 역사적 순간은 그 자체로서는 다시 사귐이 불가능하게 된다.

둘째, 진리의 다양성 앞에서의 좌절에 있어서 결정적으로 전체에 도달할 수 없음을 아는 동시에 그러면서도 그가 어디로 가고 있는지를 알지 못하면서 그 길을 고수하는 태도로부터 무제한한 사귐의 분기(奮起)가 생긴다.

셋째, 진리는 사귐에서 궁극적인 것으로 획득되거나 확정되지 않는 것이라면, 진리는 사귐과 마찬가지로 초월자 앞에서, 그 생성은 존재 앞에서 부동(浮動)하고 있으며, 그 결정적인 실현도 초월자에 대한 가장 깊은 개방성으로부터 생긴다는 결론이 나온다.

시간에 있어서의 진리의 두 가지 의미
[독단적 진리와 사귐의 진리]

총체적 사귐은 어느 정도까지 진리의 현실성—시간에 있어서의 우리의 진리—인가 하는 것이 문제가 된다. 이 문제는 시간에 있어서 진리의 두 가지 의미를 설명함으로써 명백해진다.

무엇이 진리인가 하는 것이 역사적 궁극적으로—대상·상징·언표에서—파악된 것 같다 하더라도, 어떻게 획득되었고, 또 현존하는 진리를 모든 사람들에게 '전달'하는가 하는 문제만은 남아 있었다. 이러한 진리는 폐쇄적이며, 시간에 있어서 무시간적이고, 따라서 그 자체로서 완전하며 인간에게 의존하지 않는 것이었다. 그러나 인간은 이러한 진리에 의존하는 것으로 생각되었다. 그리고 언제나 사람들 사이에서 전달이 시작되었으나 이 전달은 상호적인 자기 생산이 아니라 진리를 소유하는 자가 아직도 진리에 관여하지 못한 자에게 공급하는 것을 의미했다.

따라서 이러한 진리의 변화과정이 시작되었다. 왜냐하면 이 진리를 받아들이는 자는 이 진리를 자기의 입장에서 이해하였기 때문이었다. 사실 그대로 받아들이는 경우는 한 번도 없었다. 진리는 그 근원성이 변함없이 남아 있는 채 사람들에게 전달되는 대신에 너무 묽어지거나 전도되었으며, 또는 새로운 근원성으로 말미암아 전혀 다른 것으로 변화되었다. 이러한 형태로 사람들 사이에서 진리의 보급은 그 이상의 보급이 사실상 진리를 마비시켜버리는 한계에까지 이르게 되었다.

근원적으로 사귐에 결합되어 있는 진리는 이와는 다를 것이다. 이러한 진리는 사귐의 실현 이외에서 찾아보지 못한다. 이러한 진리는 독자적으로 현존하거나 완성되지는 못할 것이다. 진리는 전달받는 자의 변화뿐만 아니라 사귐에 대한 용의와 능력, 결정적으로 듣고 말하는 능력, 그리고 사귐의 모든 양식과 단계에 대한 의식적인 각지 때문에 전달하는 자의 변화에 대한 조건이 될 것이다. 사귐으로써 비로소 존재하고 또 사귐에 의해 현실화되며, 따라서 사귐에서 비롯하며, 또 이미 현존하는 것을 그 후에 전달하는 것도 아니며, 사귐 없이도 진리를 타당하게 만드는 방법으로 도달할 수 있는 목적을 설명하는 것이 아닌 진리가 있을 것이다.

불변의 진리는 역사적으로 인간의 주조(鑄造)를 위한 철학적·종교적 기술을 발달시켰으니, 곧 정신적 훈련(exercitia spritualia), 요가수련, 신비적인 입단식(入團式) 등은 모두 사귐이 아니라 자족적(自足的)인 훈련에 의해 진리를 각지하도록 개인을 변화시키려는 것이었다. 그러나 인간의 완성으로 가정되는 이런 인간의 유형—이것은 비록 위대하더라도 이미 형태가 확정되었고 형식에 있어서 수평화되었으며, 따라서 곧 변질되는 것이다—에 만족할 수 없다면, 사귐의 끊임없이 연마된 투명성이라는 더욱 철저한 훈련이 필요하다. 합리적인 명석성을 가진 목적에 제한되면서 이미 자주 도달된 것, 그러나 소수의 사람이 이것을 넘어서서 역사적 공동체에 있어서 비록 의심스럽기는 하나 실현한 것이 출발점이 되어야만 한다. 곧 그것은 기만적이 아니며 용이한 것이 아니고 또 변질되는 것이 아닌 무제한한 해명적(解明的)인 사귐의 제약 밑에서 인간성을 형성한다는 요구이다.

그러나 이러한 사귐에도 아직도 비진리가 현존할 것이 틀림없다. 사귐이 진행중인 한에서는, 곧 진리가 완성된 것이 아니라 현재의 완성에 있어서도 언제나 개방되어 있는 한에서는, 여기에 다시 진리에 대한 앎의 독단적 양식과 사귐의 양식 사이의 넘을 수 없는 심연이 생긴다.

우리가 그 자체에 접근할 수 있는 불변의 진리를 전제하고, 또 진리란 이미 현존하기 때문에 발견하기만 하면 되는 확정된 것으로서 나의 밖에 있으며, 따라서 우리 과제는 발견이지 생산이 아니라고 한다면, 순수한 내재자에 유일하게 정당한 세계 질서—우리의 과제는 이를 재현하는 것이다—가 존재하거나 또는 다른 세계처럼 확실히 전망할 수 있는 세계인 피안(彼岸)이 존재한다.

그러나 우리들에 대한 진리의 각 형태에는 한계가 있다는 것이 사귐의 실현에 의해 밝혀진다면, 세계와 세계에 대해 인식되는 모든 진리의 극복할 수 없는 비완성성은 내재자에 대한 궁극적인 것이 된다. 모든 형태는 세계에서 좌절하지 않을 수 없으며, 어떠한 형태도 진리로서 절대적으로 확립될 수 없다.

그러므로 진리가 이러한 도상(途上)에 있다면, 진리는 오직 바로 초월자 안에 존재할 뿐이며, 초월자는 단순한 제2의 세계로서의 피안이거나, 보다 좋은 세계로서의 또 하나의 세계는 아니다. 모든 사귐의 완성 불가능성과 진리의 모든 형태의 세계에서의 좌절로부터 초월자를 본래적으로 파악하는 사상은 신의 증명과 같다. 곧 진리에 대한 모든 의미가 미완성이라는 사실로부터, 이 사상은 진리가 존재하지 않으면 안 된다는 전제 밑에서 초월자와 마주치는 것이다. 그러므로 이러한 사상은 진리에 대해 무제약적인 관심을 갖고 있는 실존에게만 타당하며, 또한 실존의 성실성에 있어서는 진리는 무시간적으로 안정된 하나의 그리고 유일한 지속으로서는 세계에 결코 나타나지 않는다.

현실의 도상에 있어서의 사귐의 의미의 개방성

사귐의 진리를 알기 위해서는, 철학적으로는 포월자의 모든 양식을 숙고(熟考)함으로써 가능적 실존이 세계에서 가장 개방된 공간을 갖는다는 것이 중요하다.

실존은 현실성과 가능성의 전 영역에 직면하여 시간적 현존재에서 멈추지 않는 운동으로서 자기 자신을 고수해야 한다. 이때에만 이성과 실존으로부터 비롯하는 철저한 사귐의 의지가 작용하며, 한편 궁극적인 것으로 주장되는 진리의 소유는 사실상 사귐을 단절시킨다.

사귐의 의지의 개방성은 이중의 개방성이다. 첫째, 아직 알려지지 않은 것을 알 수 있는 가능성에 대한 개방성인 것이다. 전달할 수 없는 것은 마치 없는 것과 마찬가지이기 때문에 개방성은 오직 가능할 뿐인 모든 것을 전달 가능성의 매개 안으로 끌어들이고, 그렇게 함으로써 모든 가능한 것을 우리들에 대한 존재로 획득하려고 노력한다. 둘째, 개방성은 사실상 나에게 전달되는 모든 존재자의 실체—나 자신은 아니지만 내가 자기 자신이고자 하는 무제한한 욕구에 있어서 연대책임을 갖는 타자로서의—에 대해 용의를 갖추고 있다. 인간에 대한 사랑에 입각한 탐구는 어떠한 종결에도 도달하지 못한다.

그러나 나의 의식은 항상 협역(狹域)에 있기 때문에 우선 곧 전달 가능성이 없어서 나에 대해 존재하지 않는 것임에도 불구하고 부지중 나와 나의 현존재와 세계에 작용하는 존재에 대해서, 그리고 나와 동일하게 존재하고, 사유하지는 않으나 전달에 의해서 나도 모르게 나의 현존재를 규정하고, 또 사귐이 나 자신을 더욱 깊이 나에 이르게 하는 다른 사람의 현존재와 실존에 의해 제한되기 때문에 나의 의식은 결코 절대적으로 참된 의식은 아니다. 왜냐하면 나의 의식은 결코 전체가 아니기 때문이다. 나는 언제나 기대하지 않았던 영향에 의해서 참된 것을 지향하는 운동을 멈출 수 없음을 상기하거나, 또는 사물이 나를 간과하는 것을 통해서 자신의 비진리를 경험하지 않을 수 없다. 헤겔은 '진리는 현실과 결합하여 의식에 대립한다.'고 말한다. 이러한 현실은 전달되지 않는 것 또는 어쩌면 세계에서 전달할 수 없는 것의 결과로서, 곧 거기에서 우리에게 무엇이 올 것인지, 또 우리는 어떠한 고난을 겪을 것인지 이해하지 못한 채 다만 우리는 경청할 뿐인 어떤 것으로서 존재한다. 따라서 무제한한 사귐의 의지는 결코 타자 자체에 간단히 복종하는 것을 의미하지 않고 오히려 그 자신 변화의 필연성이 밝혀지기까지 타자를 알고, 타자로부터 들으며 타자를 고려하려고 하는 것을 의미한다.

그러므로 내가 나 자신을 발견하는 포월자의 전체성에 있어서의 생활에는 모험의 필연성이 따른다. 해명 자체가 나는 모험을 해야 하는 상황에 놓여 있음을 보여 준다. 내가 오만하게 위험을 추구해서가 아니라, 나는 그렇게 하지 않을 수 없기 때문에 모험을 하는 것이다. 오직 맹목적인 삶만이 끊임없는 모험을 은폐하고 허위의 안전과 한 번 야기되었으나 다시 잊혀진 불안의 양극성에 머물러 있을 수 있다. 모험이란 가능적인 것을 그 최고의 단계까지 보는 것, 자신의 개방성을 걸고 가능적인 것을 꾀어내려고 노력하는 것인데, 단지 어떤 사람을 그리고 내가 어떻게 나를 신뢰하는가에 대한 책임을 지고 또한 어떤 단계에 있어서나 사귐은 동류끼리(inter pares)만 가능함을 알고 그렇게 하는 것이다. 나는 실패와 기만을 나의 책임으로서 어쩌면 비로소 근거 있는 사귐이 시작되는 위기로서, 또 어쩌면 그 의미를 내가 파악할 수 없는 파멸로서 받아들이지 않으면 안 된다.

철저한 사귐의 의지에 대한 다양한 실존적 진리

포월자가 어떠한 형태로든 현현하고 사귐의 의지가 진실로 총체적인 곳에서는 실존은 실존적 무제약성의 의미에 있어서 많은 진리들이 있다는 마지막 한계 앞에 서게 된다.

이러한 진리의 다양성을 인정한다는 것이 철학적으로는 특징이 없는 것으로 보일는지도 모른다. 다음과 같이 비난할 수도 있다. 비록 신에 대해서는 아니지만 인간에 대해서는 오직 하나의 진리만이 바로 진리이며, 인간은 그의 진리가 유일하다는 것을 믿지 않는다면, 무조건적으로 행동할 수는 없다고.

이에 대해 다음과 같이 말할 수 있다. 곧 인간은 시

간적 현존재에 있어서는 초월자를 세계 안의 사물처럼 누구나가 동일하게 인식할 수 있는 대상으로서 소유할 수 없기 때문에 절대적 진리로서의 하나의 진리의 모든 양식은 세계에서는 사실상 오직 역사적일 수 있을 뿐이다. 곧 실존에 대해서 무제약적이며, 바로 이 때문에 보편타당한 것은 아니다. 그러나 자기 자신에 대해서는 진리가 아닌 다른 사람의 진리를 동시에 인정하고, 또한 모든 보편타당한 진리의 상대성과 특수성을 동시에 확인하면서 인간이 온힘을 기울여 자신의 진리를 실현한다는 것은 불가능한지 않고 오직 심리적으로 무한히 곤란한 일이므로, 인간은 단지 외관상 일치할 수 없는 듯 보이는 것을 일치시키려고 하는 진실성의 최고의 요구를 회피해서는 안 된다. 만일 인간의 시간적 현존재의 유한성에 모순되는 절대적으로 불가능한 것을 오직 회피하기만 한다면, 인간의 이념은 충분히 고양될 수 없다.

경험적으로 보아 참되지 못한 것 같은, 바꾸어 말하자면 평균적으로 관찰된 종(種)으로서의 인간의 사실성 때문에 참되지 못한 것 같은 인간 본성의 근원에서 가능한 전면적인 사귐의 이념 앞에서는 타당하지 못하다. 곧 이러한 이념은 경험적인 현실 앞에서는 무한한 과제로 변하며, 이러한 과제의 한계는 실현에서는 전망되지 않는다.

그러나 진리의 다양성이 실존적으로 인정된다면, 사귐의 가장 철저한 단절이 일어난다는 것은 명백하다. 그러나 총체적 사귐의 의지는 일단 그 길을 깨우치면 포기할 줄 모른다. 이러한 사귐의 의지는 자기 자신과 세계의 가능성에 대한 신뢰를 갖고 있으며, 이 신뢰는 사실 몇 번이고 기만당할 수 있으나, 근거에 대해서가 아니라, 일정한 실현에 대해 회의하는 것이다. 이러한 사귐의 의지는, 자신의 진리는 아니지만 진리로서 사귐의 가능성의 양식을 간직하고 있음에 틀림없는 타자의 진리도 신뢰한다. 그러므로 이러한 사귐의 의지는 실패의 무거운 짐을 지고도 결코 소멸하지 않는다. 사귐의 의지가 현실적인 경우에는, 사귐이 그가 가는 길의 비전을 이념으로써—사실 광범한 현실성은 없으나 결코 자기 자신을 배반하지 않을 가능성의 표현으로써—소묘하는 데 대해 용감한 겸손이라고 말하는 것이 적합할 것 같다.

근원적으로 본질적 차이를 가진 실존이 현존재의 투쟁에서 떼어낼 수 없는 운명을 파악한다면 투쟁적인 적대관계에서도 최고의 명료성과 진리가 성립할 수 있을 것이다. 실존은 사귐의 가능성에 의해 투쟁 자체를 법칙 밑에 두고, 따라서 야수로 위장한 상태에서 벗어나 오히려 기사답게, 곧 상호간 가능적 실존을 전제하고 또한 이후의 참된 사귐을 불가능하게 만들지 않는 법칙 밑에서 싸우게 될 것이다. 그런데 이러한 상태에 도달했다면 사실은 이미 참된 사귐에의 비약이 이루어진 것이라 하겠다. 곧 투쟁은 여러 가지 조건 밑에 놓이는 한, 이미 현존재적 필연성의 결말이 아니라, 비록 숙명적이고 생명을 위협하며, 또는 아마도 생명을 파괴하는 유희이기는 하지만 유희와 같은 것이다.

이와 같을 때에만 무제한한 사귐의 의지는 진실한 사귐의 의지로서 보존될 수 있을 것이다. 또한 유연한 것이 아니라, 개방성에 의해 무한히 성장할 수 있는 것으로서의 모든 현실적 실체에 의한 경악으로서의 행위의 현실성에서 독단적으로 고정된 초월자가 아니라, 참된 초월자가 나타나는 한계에 대한 유일한 의식으로서의 인간성이 생긴다.

이럴 때에만 인간의 참된 힘이 실현될 것이다. 인간에 있어서의 무제약적인 힘은 투쟁과 질문의 모든 가능성에서 시련을 받음으로써 적극적이기 위하여 암시·증오·잔인한 행위에서 오는 쾌감 등을 필요로 하지 않을 것이며, 자기 자신을 믿기 위하여 거창한 말이나 이해할 수 없는 독단에 도취될 필요도 없을 것이고, 또 이렇게 됨으로써만이 참으로 엄격하고 냉정하며 침착하게 될 것이다. 이와 같은 길 위에서만 생활의 기만의 파기가 인간을 파괴하는 일 없이 자기 기만이 사라진다. 이때 비로소 참된 근거가 그 깊이로부터 있는 그대로 드러날 것이다.

이와 반대로 모든 사람에게 보편타당한 하나의 진리를 주장하자―이러한 진리에 산 사람들과 역사의 지난날의 위대성에도 불구하고―동시에 '불성실성'이 따르게 된다.

이것은 매우 다양한 관련에 나타나고 있는 일이다. 통찰할 수 있는 보편타당성의 형태를 가진 '하나의' 진리가 모든 진리의 형식으로서 이성의 소산이라고 간주되는, 또는 반대로 초이성적인, 혹은 반이성적인 신앙 내용이라고 간주되든 간에 모든 것은 이러한 강제적인 진리 앞에서 머리를 숙여야 하며, 이때에 자기 자신일 수는 없게 된다. 근본적으로 인간이 접근할 수 있는 진리의 형식은 유일하다는 전제 때문에, 그리고 이와 함께 포월자의 다양성의 전도가 일어나기 때문에, 그 한계에 언제나 자신의 진리에의 신앙과 일치하지 않는 것에 대한 몰이해가 남게 되므로, 갑자기 모든 사귐을 단절시키는 광신이 나타난다. 말한다든가, 전달한다든가, 듣는다든가, 보여준다든가, 근거를 밝힌다든가 하는 외관상 자유롭게 보이는 매개를 통해, 현존재적 관련에서 순간적으로 아주 강력해진 잔인한 폭력이 은밀히 결정을 내리는 것이다.

그러나 진리는 여러 가지라고 하는 이론도, 만일 이론이 자신의 가능한 진리의 무제한한 사귐의 의지에 대한 태도로서가 아니라 오히려 진리의 한심스러운 다양성에 대한 지식으로 나타난다면, 불성실성을 결과한다는 점에서는 앞에 말한 것과 동일한 효과를 갖는다. 다양한 진리도 외적으로만 다양하게 보이거나 여러 입장으로 고정시킬 수 있는 순간 참되지 못한 것이 된다. 왜냐하면 진리를 생각하는 자도 모든 입장을 취할 수 있기 때문이다.

더 나아가 진리가 상호간 무관심하고 오직 병립관계(竝立關係)에 있을 때 진리는 참되지 못하다. 동일한 것이 될 수도 없고, 또 원하지도 않은 것이라도 초월자—일자(一者)와 관계하고, 비록 신들은 각기 다르다 하더라도 근접한 신들을 넘어서서 멀리 있는 신을 감지(感知)하며, 서로 무관심한 채 현존재적 적대관계에서 현존재적 영역을 위해 투쟁하는 분산된 다수로 전락하지 않을 것을 요구하는—와의 관계를 통해 서로 관계하게 된다. 편리한 관용을 말하는 궤변론자가 있는데, 이러한 관용은 타당하기는 하나 상호관련을 맺어주는 것은 아니다. 이와 반대로 관용의 진리가 있으며, 이러한 관용은 경청하고, 양여(讓與)하며 폭력을 제한하는 사 귐의 끝없는 과정에 들어서며, 이러한 과정에서 인간은 그의 근원으로부터 가능한 높이에 도달한다. 가장 높은 것은 오직 자기 것으로 획득되는 변화에 있어서, 또 세계에서 만나게 되는 모든 것에 대한 투철한 앎—비록 이것은 이 자체만으로는 비난을 받는 것이지만—에 있어서 도달되는 것이다.

시간에 있어서 완성과 해결을, 또는 단지 해결의 형상이라도 요구한다는 것은 언제나 오직 사귐 속에서만 자기 자신을 형성하고 있는 인간의 사명을 포기하는 것이 될 것이다. 본래적인 인간형성의 여러 가능성을 앞질러 폐쇄하지 않는 것이 중요한 일이다.

우리들의 지평선에서는 내용적으로 충만된 여러 형상들이 폐쇄되어 있지 않다. 철학적으로 우리들에 대해 궁극적인 것은 우리들의 태도의 형식이며 오직 형식으로 생각될 뿐인 목적에 대한 지식이며, 오직 여러 경향에서만 경험되는 진리이며, 낯선 불가능성이 아니라, 비록 언제나 다시 몰락하는 듯이 보인다 하더라도 말을 하기 시작한 가능성들이다.

초월자—시간적 현존재의 현상으로서의 사귐

'사귐의 미완성'과 사귐의 좌절의 곤란성은 초월자 이외의 어떠한 것도 채울 수 없는 깊이를 드러낸다.

신이 영원하다면 인간에 대해서 진리는 생성되는 진리로서, 더욱이 사귐으로써 생성되는 진리로서 존재한다. 이러한 진리로부터 분리되면 진리는 불변의 진리로서 곧 자기 자신으로 남아 있는 대신 어떤 것에 대한 지식으로 퇴화하며 시간적 현존재에서 소모되는 요구가 되는 대신에 기성(既成)의 만족으로 퇴화한다.

그러나 초월자 앞에서는 진리의 시간적으로 현존하는 현상으로서의 사귐의 미완성은 사라진다. 우리들의 사귐은 말하자면 '형이상학적' 유희로서의 사상—시간적인 사귐의 필연성의 선시간적(先時間的)인 근원 및 사귐을 극복하는 궁극적 완성에 대한 사상—에서 알려지는 어떤 것에 의해 생기가 돋아나는 것 같다. 이러한 사상은 그것이 사라질 때 현실적인 힘으로서 참된 사귐에 있어서 압도적인 충동이었던 것을 분명히 할 수 있게 만들어주는 것이 아니라 순간적으로 접할 수 있게 하는 것이다.

근원에는 일자(一者)가, 곧 우리가 접근할 수 없는 진리가 있었다. 잃어버린 일자는 마치 분산된 상태에서 사귐에 의해 다시 획득되어야만 하는 것 같으며 마치 다자(多者)의 혼란상태는 하나로 묶음으로써 안정에 이르게 되는 것 같고, 마치 잊혀진 진리는 결코 완전히 다시 획득되지 않는 것 같다.

또는 진리는 미래에 존재한다. 곧 시간적 현존재에는, 전달될 수 없는 것은 어떠한 의식이나 지적 작용에 대해서도 현존하는 것이 아니기 때문에 마치 무와 같다는 한계의식이 있다. 그러나 바로 이 전달에 있어서 충동은 이러한 한계를 넘어서서, 마비상태로 되돌아가는 것이 아니라 본래적인 것을 전달 가능성 안으로 끌어들임으로써 본래적인 것을 나타나게 하는 무제한한 개방성으로 나아가는 것이다. 그런데 이때 충동은 또한 실존적으로 가장 밝은 명료성에도 언제나 만족스럽지 못한 것이 남아 있기 때문에 실존적으로 가장 밝은 모든 명료성까지도 넘어서는 것이다.

포월자의, 가지적인 것의, 그리고 초월자의 모든 양식이 철저히 현현된 사귐이 남김없이 일치하는 듯한 최고의 순간은 시간에 있어서는 혹은 오류로서 혹은 개방성에 대한, 곧 시간적인 지속성에 대한 새로운 갈망의 싹으로서 나타난다. 이러한 순간은 무시간적 가능적, 완성적 사귐의 예료(豫料)와 같은 것이며, 이러한 사귐은 동시에 완성된 진리 및 영혼과 만유의 무시간적 일치를 의미하게 될 것이다.

그러나 이와 같이 목적을 달성한 비현실적인 사귐을 생각한다는 것은 어떠한 전달도 이미 필요하지 않은 초월적 완성으로 사귐을 지양한다는 것을 의미한다. 우리는 이성과 실존의 무제한한 사귐의 의지에 있어서는 우리를 인도하는 사귐이 없는 존재에 바탕을 두고 본래적으로 사는 것은 아니지 않느냐고 하는 질문에 대해서는 대답할 수 없다. 이 질문은 우리에 대해서는 공허한 것을 향해 묻는 것이거나, 또는 그것은 자명한 확실성—이 확실성에는 전달 가능성이 없고, 잘못 표현하면 이 확실성은 자기 자신을 파괴하는 것이니, 곧 전달 가능성을 추구하는 무조건적인 사귐의 용의의 실현을 완성된 사귐에 대한 가상지(假象知)에 의해 마비시키는 것이다—이 된다.

그러나 초월자에 있어서는 모든 사귐은 시간적 현존재가 결여된 것으로서 포기되는 것으로 생각해야 한다면 이와 함께 일반적으로 모든 사유 가능성도 포기되어야 한다.

내가 '신은 진리'라고 하는 낡은 명제를 생각한다면 이러한 진리는—일치의 양식으로서의 모든 진리와 비교할 때—분열되지 않는 것이므로 일치도 필요하지 않고 또 대립도 필요하지 않은 진리 그 자체일 것이다.

이러한 진리는 사실상 공허한 사상이며, 오직 실존적·역사적으로만 나에 대해 충만될 수 있다. 내가 침투할 수 없는 곳에서는 진리도 내가 생각할 수 있는 의미를 갖지 못하게 된다.

진리에 대한 모든 고찰의 좌절은 심연을 뒤흔들어놓을 수는 있지만, 그 안에서는 어떠한 사상도 견디지 못한다.

 초월자에 있어서의 진리의 존재의 안정—포월자의 각 양식의 포기가 아니라, 각각의 세계를 뛰어넘음으로써 얻어진—은 분열됨이 없이 전체가 순간적으로 번쩍거릴 수 있는 한계이다.

 그러나 이러한 전체는 인간의 본성에 결정적인 영향을 주는 것임에도 불구하고 세계에서는 소실(消失)되는 것이며, 또한 전달에 의해 포월자의 양식들에 들어오기는 하지만 각 양식에 있어서는 언제나 파악되지 않는 것이기 때문에 전달되지 못한다. 이러한 전체에 대한 경험은 절대적으로 역사적이며, 모든 시간을 넘어선 시간에 있어서 이루어지는 것이다. 그것에 대해서가 아니라 그것으로부터 말할 수 있는 것이다. 사유와 사귐의 궁극적인 것은 침묵이다.

제4강 이성적 사유와 우월과 한계

사유의 우월에 대한 문제

포월자의 양식들은 우리 자신인 포월자로서의 현존재·의식일반·정신이었으며, 존재 자체인 포월자로서는 세계와의 초월자였다. 이러한 양식들은 실존에 그 기반이, 이성에 그 유대가 있다. 우리는 현존재로서는 경험적 대상으로서 과학적 연구가 가능한 한에서는, 우리 자신이 세계이다. 여기서 우리들 자신인 포월자와 세계 존재로서 나타나는 한에 있어서 존재 자체인 포월자가 구별된다. 포월자의 양식 중 어느 것이 우월한가를 묻는다면, 우리가 포월자를 단계적으로 생각하며, 앞의 단계는 뒤의 단계가 없으면 무실체적(無實體的)으로 되며, 뒤의 단계는 앞의 단계가 없으면 무현실적(無現實的)으로 된다는 것을 나타낸다.

초월자가 '존재의 우월'을 갖겠지만, 초월자는 은폐되어 있다. 포월자의 다른 양식들은 어느 것도 절대적인 존재의 우월을 주장할 수 없으며, 각 양식은 전체―이것은 각 단계의 총화가 아니라 존재양식의 상호관계된 구조이다―에 있어서 불가결한 것이고, 또 초월자의 암호문자(暗號文字)에 속하는 것이다.

그러나 일종의 위계질서가 성립되는 것이니, 예컨대 단순한 현존재에 대한 실존의 우월, 정신에 대한 실존의 우월, 의식일반에 대한 정신의 우월 등이다. 우리가 갈등의 경우에 대해서 보다 높은 위계에 있는 것이 우세해야 한다는 식으로 이 위계질서의 의미를 말한다면 이러한 표현은 부적당한 것이다. 왜냐하면 갈등은 동일한 평면에서만 있을 수 있기 때문이다. 갈등에 빠지기 위해서는 보다 높은 평면의 의미가 현상적(現象的)으로는 보다 낮은 평면의 형태를 취해야 하며, 여기에서 보다 높은 것은 상위의 것에 의해 활기가 주어지지 않으면 그 자신 이외의 다른 것이 될 수 없는 다른 형태와 마주치게 된다. 현존재의 투쟁에서는 현존재의 투쟁 이상의 일이 일어나며, 정신적 갈등에서는 정신적 갈등 이상의 것이 일어난다. 실존적 싸귐에서는 그 결과로 초월자에 눈을 뜨게 된다. 포월자의 각 양식의 위계 질서에 대한 문제는 존재의 문제이지, 언제나 오직 포월자의 양식들 중 한 양식의 국면에서만, 가능한 존재양식 및 가능한 투쟁에 대한 가치 비교의 문제는 아니다.

우리가 사유의 우월에 대해 말할 때, 그것은 완전히 다른 의미를 갖고 있다. 그것은 형식적인 우월이지, 존재질서 또는 가치질서의 우월은 아니다. 사유의 우월은 포월자의 내용이 사유를 매개로 하여 형태를 갖게 되지 않으면, 포월자의 어떠한 양식도 우리에게 현현하지 못하며, 또한 우리들 자신으로서 존재하며 활동하지 못한다는 것을 의미한다.

포월자는 그 모든 양식에 있어서 사유 이상의 것이지

만, 한편 사유는 첫째, 그것이 어디에나 침투하며 어떤 것도 상기와의 접촉을 회피하지 못한다는 점에서 형식적 우월성을 갖는다. 다른 모든 것은 사유의 재료가 되고 충동이 되며 의미와 목적이 되고, 내용과 충실이 된다. 포월자의 모든 양식의 현실성은 상기에 대하여 사유는 이 현실에 의존하고 있고, 또 이 현실에 의해 생기가 주어지며, 또한 이 현실에 의해 대상을 획득하기 때문에 우월하다고 하더라도 이러한 우월성은 사유에 의해서 비로소 명료한 현상이 되고 광역과 근원에 이르게 된다. 사유의 보편성은 아무것도 회피할 수 없다. 사유가 처음으로 우리들이 다른 모든 것들을 사유할 수 있는 가능성을 만들어낸다. 곧 모든 다른 것의 근원은 사유에 의해 완전히 드러나며, 이에 알맞은 결과가 초래되는 것이다. 사유 없이 현상이 될 수 있는 것은 아무것도 없다.

이와 같은 현현화(顯現化) 이상으로 포월자의 각 양식을 상호 관련시키는 유일한 매개가 사유라는 점에서, 둘째, 사유는 우월성을 갖게 된다. 시간 속에는 포월자의 유일하고 참되며 궁극적으로 바른 형태는 어디에도 없다. 곧 사유는 포월자의 각 양식을 상호간 관계시키는 자극이다. 사유는 전체에 있어서의 '운동의 매개'인 것이다.

사유의 보편성은 인간적 현실의 사실뿐만 아니라, 인간적 현실을 자기 자신으로 해방시키려는 요구이다. 그러나 이러한 보편성은 불운으로서 나타난다. 왜냐하면 사유의 형식적 우월성에 의해서 모든 것은 사유된 것과 사유가 가능한 것의 단순한 형식으로 공허화되며, 또한 인간 존재는 현실성에 침투하거나 자기 자신이 되지 않고서도 모든 현실성에 보편적으로 접촉하는 공허한 유희에 빠지게 되기 때문이다. 여러 가능성을 자유롭게 하는 근원적 적극성은 형식화에 의해서 현실성의 모든 진지성을 파괴하는 소극성이 된다. 그러나 '이제 사유에 대항한다' 하더라도, 이러한 투쟁도 역시 사유에 의해서만 야기될 수 있는 것이다. 사유의 부정은 역시 그 자체가 항상 사유인 것이며, 다만 폭력적이며 단순화되고, 협착하며 스스로 맹목으로 만드는 사유일 뿐이다. 사유의 불운은 우리들 인간존재의 숙명이며, 여기에 따르는 위험은 동시에 사유에 의해 비로소 구제되고 자기 자신이 되었으며, 발전을 각성한 현실성의 충만된 길을 발견하기 위한 끊임없는 회의이다.

사유의 형식적 우월은 사유의 형식화에 의해 없어지지만 이성적 사유로는 현실적이다.

1 이성적 비논리

 사유의 보편성은 '의식일반'의 포월자와 동일한 것 같다. 사유의 형식이 여기에 근원을 두고 있는 것은 사실이다. 그러나 사유의 보편성은 의식일반의 포월자와 동일할 뿐 아니라, 자기 자신을 초월하는 의식일반인 것이다. 이러한 초월이 일어나고, 또 보편성이 철저히 요구된다는 것은 의식일반이 아니라, 우리들 자신인 포월자의 각 양식의 전체로부터 발생하는 것이다. 이러한 양식은 모두 해명을 열망하며 해명에 의해서만 본래적인 존재가 될 수 있다. 이러한 포월자의 양식은 모두 이러한 의미에서 '이성'이다.

 포월자의 각 양식은 명료해지기를 바란다. 각 양식은 포월자의 모든 양식과의 관계에서 전체가 되기를 바란다. 각 양식은 보편자의 어떤 의미를, 그리고 법칙과 질서에 관한 의미를 자기 것으로 만들려고 한다.

 그러나 이것은 이러한 의미에서 비이성적인 것까지도 이성에 의해 접촉되기 때문에 가능하다. 비이성적인 것은 이성에 의해 접촉된 것으로서 비로소 우리들에 대한 존재가 된다. 비이성적인 것은 이성과의 관련에 있어서만 우리들에 대해 존재와 의미를 획득한다. 이성은 불가결한 것이다. 그러므로 나는 무지(無知) 자체까지도 앎에 의해 갖게 되고, 충만된 무지도 오직 최대의 앎에 의해서만 갖게 된다. 사유의 보편성이 형식화되지 않고 결합되고 충만되는 한, 그것은 이성 자체이다.

그러므로 포월자의 각 양식은 명료성이나 전체성이나 질서와 법칙에서 완성을 찾고 싶어하지만, 포왈자의 각 양식을 이러한 길로 끌어들이는 이성은 동시에 이러한 길을 넘어서서 어떠한 명료성에도, 또 어떠한 전체에도, 또 어떠한 질서에도 만족하지 않고, 본질적으로 불명료한 것, 본래적으로 파괴된 것, 곧 반이성적인 것 자체에 개방되어 있다.

논리적으로 파악되는 것으로서 의식일반에 있어서 모순 없이 일의적으로 알 수 있는 것은 가장 좁은 의미의 이성적인 것, 곧 '오성적인 것'이다. 그러나 오성적 의미로 비논리적인 것은 이 오성에 의해 그 한계에 있어서 타자로서 곧 이성적인 것으로 감지되게 된다.

모든 비논리적인 것을 우리는 오직 초월에 있어서 파악한다. 우리는 세계의 사물들에 대해서 물을 뿐 아니라 자기 자신에 대해 그리고 전체에 대해 묻는 존재이다. 그러므로 우리는 오직 현존재로서, 의식일반으로서, 그리고 정신으로서만 현실적이지만, 이러한 가운데서도 우리들 자신을 넘어서고 우리들의 현존재의 모든 규정된 양식과 모든 규정된 사상을 넘어서며 이와 같이 넘어섬으로써 비로소 우리들 자신 그리고 초월자에 이르게 된다.

우리가 시도해 온 포월자에 대한 단순한 논리적 설명에서 이미 우리는 사유에 있어서 대상화되지 않고, 모든 규정된 대상성을 넘어선 것에로 초월하였던 것이다. 포월자의 각 양식의 해명에 있어 우리는 세계의 규정된 사물에 그 근원적 의미가 있는 말과 개념을 사용하였으나 여기서는 한계에 있어서 초월하면서 본래적 의미가 이해될 것이 아니라 비대상적인 것을 여기서는 포월자를 언어화하기 위한 대상적 보조물로 이해하여야 한다.

이러한 초월적 사유가 무엇을 의미하는가 하는 것이 문제이다. 초월적 사유는 내적 행위에 있어서의 영향을, 그리고 세계 안의 사물처럼 나타나지 않는 비대상적인 것의 전달 가능성을 목표로 하지 않으면 안 된다. 오직 의식일반에 있어서만 사유된 것은 대상 또는 개념의 자기현현(自己顯現)으로서 이해되며, 모든 오성에 대해 일치하는 것이 됨으로써 지각가능성(知覺可能性)에 의해, 그리고 모든 사람이 동일하고 보편적으로 체험할 수 있는 것의 평범성에 의해 충만된다. 이와 반대로 초월에 있어서 이해는 문제되고 있는 포월자의 경험의 현실성으로부터 나오는 것에 의해서만 가능하다.

이와 같이 의식일반의 오성을 넘어서는 전달 가능성은 결국은 반오성적인 여러 가지 형식에 도달한다. 이성에 의해서 나는 모순과 역설에서 오직 이러한 형태로만 전달될 수 있는 것을 통찰한다. 여기에서 이성적 비논리, 곧 오성의 논리를 파괴함으로써 그 목적에 도달하는 참된 이성이 성립된다.

이와 같이 그 자체로서 생각되는 대상성이 아니라, 암시적인 대상성에서 사유된 것을 비매개적(非媒介的)인 직접성으로 오해될 수 있다. 사유에 들어온다는 것은 의식일반의 의미에 있어서 사유할 수 있는 것이 된다는 것을 의미한다고 생각하는 것은 단순한 오성의 근본적 오류이다. 그러나 초월적으로 언표된 것이 의식일반에 대한 대상적 직접성으로 받아들여진다면 그 의미는 잘못 이해된다. 여기에서 허위의 논리 곧 오성적 논리의 형태를 가진 참되지 못한 이성이 생긴다.

오성적으로, 비논리적인 것에 의해 전달되는 표현은 논리적으로 명료화될 수 있다. 그러나 동시에 이렇게 함으로써 언제나 의식일반의 내용을 넘어서는 모든 것을 마치 인식된 대상처럼 생각할 오해가 생길 가능성이 있다. 오성에 있어서 배리적(背理的)인 것은 어떤 의미의 필연적 형식이 될 수도 있다. 오성에 대해서 일의적으로 보이는 것은 그 안에서 처음으로 발견된 의미의 전체적 전제를 야기할 수도 있다.

의식일반의 타당성에 한정되는 사유는 첫째, 모든 오성적 존재 사이에서 동일하며 보편적인 전파에 의해서 둘째, 인식된 데 대한 기술적 지배에 의해서 힘을 갖는 듯하지만, 이와 반대로 초월적 사유는 무력한 것 같다. 우선 사유할 수 없는 것을 사유하는 형식이라는 점에서 초월적 사유는 무력하다. 초월적 사유는 언제나 그 자신을 포기하는 것처럼 보인다. 다음으로 초월적 사유는 적합한 대상을 갖지 못한 것으로 생각된 내용에 대한 사유 형식이라는 점에서 이러한 내용을 논증에 응용하거나 기술적인 것을 만들려고 한다면 무력하다. 그러므로 혼란 가운데에서 무력한 것을 의식일반의 의미의 힘으로서 이용하려고 하는 전도가 일어나면 파멸적인 결말을 경험하게 된다. 그러나 매우 무력함에도 불구하고 이러한 자유는 합목적인 것이 되기를 요구받지 않을 뿐 아니라, 기술적으로 관리되지도 않는 힘, 곧 인간의 가장 깊은 내면에 개방성과 변화를 소리 없이 일으키는 힘을 갖고 있다.

초월적이며 절대적으로 보편적인 사유―이 사유에 대해서만 사유에 들어오지 않는 것은 우리들에 대해서는 무와 같다는 말을 할 수 있다―에 있어서의 논리적

해명의 무한한 영역 중에서 우리는 몇 가지 예를 들어 이미 말한 두 가지 방향, 곧 첫째, '이성적 비논리'와, 둘째, '허위의 논리화'에 있어서 무엇이 문제인가를 밝혀보려고 한다.

참된 철학적 사유의 필연적 형식으로서의 순환

우리는 칸트 사상의 설명에서부터 출발하기로 하자. 칸트는 모든 대상성을 의식일반으로서의 주관이 범주에 의해 구성한 질료(質料)라고 파악한다. 우리는 현존재가 아니라 형식에 따라서 우리가 생산한 현상의 세계에 살고 있다. 현존재의 현상 가능성을 말해 주는 단순한 한계 개념인 물자체(物自體)는 절대적으로 은폐되어 있다. 그런데 칸트는 단일성·다수성·실체성·인과성 등 범주를 사유하는 의식의 근원적 통일, 곧 우리들에게 나타나는 모든 것을 언제나 대상의 통일에 결합시킨다는, 이른바 선험적 통각(統覺)의 통일로부터 도출한다. 그러나 칸트는 '모든 결합의 관념에 아프리오리하게 선행하는 이러한 통일은 단일성이라는 범주와는 다른 것이다.'라고 말한다. 곧 칸트는 우리에게 범주에 따라 사유하면서—범주에 따르지 않고서 우리는 칸트와 같이 사유할 수는 없으므로—범주에 있지 않은 어떤 것을 파악하기를 요구한다. 그는 그 자체로서는 대상이 될 수 없는 모든 대상성의 근원에 마주치고 싶어서 이와 같이 요구하는 것이다. 나는 비대상적인 것을 대상적으로 여러 범주를, 따라서 단일성의 범주를 근거짓는 것을 단일성의 범주에 따라서 사유하지 않으면 안 된다. 형식논리적으로는 단일성이 단일성에 의해 설명된다는 순환이나 또는 단일성은 단일성이 아니라는 모순이 문제가 된다.

현실적인 모든 철학에서 우리는 형이상학이 문제가 되거나 초월철학이 문제가 되거나 실존해명이 문제가 되거나 결정적인 점에서 이러한 순환과 모순을 발견하게 된다. 우리는 어디서나 자랑스럽게 이러한 결점을 찾아내고 비판받을 철학은 이에 의해 파괴되었다고 생각하는 일에 종사하는 비평가들을 보게 된다.

이러한 사유형식은 사물의 본성에 따라 철학하는 데 있어서 필연적인 것임을 보여주어야 한다. 그렇게 하기 위해서 우리는, 우선 순수한 형식논리적 해석에 의해서 이러한 순환과 모순의 결점이 드러나는 경우를 주시한다. 그리고 언어적 혼동이나 기타에 의해 생기는 많은 그러나 곧, 수정할 수 있는 오류가 아니라 논리적으로 본성에 있어서 불가피하게 나타나며 또한 해결할 수 없는 것으로 설명되는 오류가 우리의 관심을 끈다.

고대로부터 많은 명백한 예들이 있다. 크레타의 에피메니데스는 모든 크레타인은 그들이 말을 하면 언제나 거짓말을 한다고 말한다. 따라서 크레타 사람인 에피메니데스가 말한 것도 참이 아니다. 또한 모든 크레타인은 거짓말을 한다는 명제도 참이 아니다 등. 또는 소피스트인 프로타고라스와 그의 제자 에우아틀루스의 이야기도 있다. 프로타고라스에게 배운 에우아틀루스는 그가 최초의 소송에서 승소하였을 때 사례를 지급하기로 한다. 그러나 에우아틀루스는 전혀 소송을 하지 않아서 프로타고라스는 그를 상대로 지불 소송을 한다. 에우아틀루스가 설명한다. '만일 내가 이 소송에서 이긴다면, 판결이 너의 소송을 각하하였기 때문에 지불할 필요가 없다. 또 내가 패배한다면 내가 소송에서 최초로 이긴 다음에 지불한다는 계약 때문에 지불할 필요가 없다.'라고. 또 악어의 추리가 있다. 악어가 어떤 어머니로부터 아이를 빼앗고 말한다. '내가 이애를 돌려줄 것인지 아닌지에 대해서 네가 바른 대답을 하면 나는 네게 아이를 돌려주겠다.' 이에 대해 어머니는 대답한다. '넌 아이를 나에게 돌려주지 않을 것이다. 그런데 어쨌든 너는 내게 아이를 돌려주어야만 한다. 내 대답이 바른 경우에는 우리들의 계약에 따라서, 그리고 내 대답이 바르지 못하다 하더라도 네가 아이를 돌려주지 않으면 나의 대답이 바른 것이기 때문에.' 그러나 악어가 대답한다. '나는 어느 경우에나 너에게 아이를 줄 수 없다.

네 대답이 거짓일 때에는 우리들의 계약 때문에 돌려주지 못하고, 또 내가 너의 대답을 바르게 여기고 돌려준다면, 그때는 네 대답이 거짓이 되기 때문에 돌려주지 못한다.'

이와 같은 예에 대해 개별적으로 그리고 아주 정확하게 해석할 필요도 없이, 우리는 어떤 경우에 있어서나 이른바 자기 관련성(關聯性)이 성립한다는 것이 그 난점의 일반적 근거임을 확인할 수 있다. 거짓말을 하는 크레타 사람은 언표한 내용에 의해서 이러한 언표의 참됨을 파기하며 이렇게 함으로써 새로이 진리를 세우며 이것이 무한히 반복됨을 말하고 있다. 에우아틀루스의 소송의 대상과 어머니의 언표의 내용은 제약된 동시에 제약을 받는 것이다. 그러나 우리는 우리의 사상에 관해서 두 개의 관계점을 가질 때, 곧 제약관계에서는 제약과 피제약, 대상에 있어서는 사물과 성질 등 두 가지가 있을 때에만, 우리는 의미 있는 일의적 사고를 할 수 있다. 오류는 개개의 추리에 존재하는 것이 아니라, 오직 하나의 관계점만을 고려하는 데에서 생기는 것이다. 여기에 두 개의 관계점이 세워지면 곧 모든 곤란성은, 따라서 그리스인들이 고안해 낸 기묘한 위트는 없어진다. 이러한 구체적인 예들은 매우 쉽게 이해되며 따라서 해결은 쉬워진다. 그러나 중요한 것은 이러한 예들이 아니라, 이러한 예에서 파악된 우리들의 일의적인 사유 가능성에 대한 한계의 원리이다.

철학적 사유에 있어서 세계 안의 사물의 인식과는 달라서 그것이 발견되어야 한다면 그것이 존재 자체이든, 칸트철학의 모든 대상성의 제약이든 실존이든 간에 그것은 근원이기 때문에 사유됨에 있어서 자기 자신 이외의 아무것도 소유해서는 안 되는 어떤 것이 사유된다. 언제나 우리는 오성에 의해서는 파악되지 않으나 우리의 존재확신에 대해서는 결정적인 어떤 것을 소유하며 이것은 우리들의 사유에 있어서처럼 명백하게 우리 앞에 현현하지는 않는다. 자기 관련성이라는 형식논리학적 곤란성이 드러나지 않을 수 없는 것이다. 우리가 철학적으로 사유된 것을 언표에 있어서 피할 수 없는 다른 것과 병존하는 관계점으로 삼는다면, 이렇게 생각하는 한 그것은 이미 철학적 내용은 아니다. 그러므로 우리는 이러한 언표를 철회해야 마땅하다. 일반적으로 오성으로는 접근할 수 없는 것이 사유된다는 것은 논리적 불가능성이나 불가해성(不可解性)이 나타나고, 이에 따라 일정한 사물에 대해 이른바 인식으로서 말해진 바가 다시 포기된다는 것에 의해 나타난다. 이렇게 함으로써만 단순한 오성의 잘못된 통찰이 철학적 사유의 본질적 의미를 압도하지 못하게 하는 데 성공할 수 있다. 이리하여 우리가 철학적 연구에서 아마도 자주 경험하였을 두 가지 일을 비로소 옳게 이해하게 된다.

곧 철학적 사유의 성과는 언표될 수 있는 궁극적인 통찰이 아니라 오히려 그 안에서 우리의 모든 의식, 곧 존재가 우리에게 나타나는 양식이 변화되는 사유의 실현인 것이다.

그러나 이른바 순환과 모순을 포기함으로써 지식에 대한 일의적인 전달로 개선되는 모든 철학은 말하자면 밑바닥까지 저속해지는 것이요, 완전히 공허하게 되는 것이다.

그러므로 철학의 비판은 순환과 모순을 포기할 것이 아니라, 완전한 밝음에 드러내놓고 그것의 내용이 풍부한 순환인가, 또는 공허한 순환인가 하는 문제를 다루어야 한다. 왜냐하면 형식으로서의 순환은 아직도 혼란한 모든 철학에 있어서 사실상 반복되고 있기 때문이다.

예를 들면 유물론적 철학자가 외계를 우리의 생리학적 기관, 특히 뇌수의 산물이라고 설명한다면, 뇌수는 자기 자신의 뇌수까지도—국부마취에 의한 개두술(開頭術)에 의해 반사경 장치를 사용해서 관찰되는 뇌수—외부 세계의 한 단편인 것이다.

그렇다면 뇌수는 뇌수의 산물이다. 형식적으로는 신

성을 자기원인(Causa sui)이라고 하는 사고방식과 동일하다.

철학적 사유에 있어서 순환이나 기타 논리적 모순을 추구하고 또한 언제나 오성의 논리로 보아서는 동일한 형식이지만 한편으로는 불합리한 어리석음이 되는 것이, 또 한편으로는 한계에 깊이 접촉되는 것임을 안다는 것은 흥미진진하고 자극적인 탐구이다.

그러나 철학적 사상은 적나라한 순환으로 환원되면 비록 싹은 간직하고 있다 하더라도 이미 발언력의 전부를 보존하지 못하게 된다. 철학적 사상은 그 적나라함에 있어서는 동시에 대상적 지식의 내용으로—철학적 사상은 단순한 오성으로서는 언제나 이러한 내용이 되고 싶어한다—해소된다. 우리들은 전혀 비대상적인 것에 대해서는—대상적인 것으로서는—자기 자신을 포기하는 형식에 의해서만 대상적으로 말할 수가 있다. 또 이 이외에는 우리들 인간은 말할 방도를 갖고 있지 못하다.

실존해명으로부터의 비론리의 예

우리는 실존해명의 '철학적 사유'라는 특수한 분야를 탐구하기로 한다. 여기에서 실존해명에 의해 말해지는 것은 그 본질상 나타나 있는 현존재로서 확립될 수 없는 것이며, 따라서 객관적 연구에 의해서 구별되지는 않는다. 또한 그것은 존재하지 않는 것과 같다. 그것은 세계 안에 존재하는 현실로서는 검증할 수 없는 것이다.

내가 가능적 실존은 보편적인 것이 아닐 뿐 아니라, 오히려 보편적인 것에 모순되는 행위─이러한 행위는 역사성의 근원으로부터 요구되며, 그 자체가 이성성(理性性)에 들어가는, 곧 외부에서 신성(神性)의 명령에 의해 규정되지 않는 것이다─에서만 참되다고 말한다면, 동시에 이러한 말은 증거할 수 없는 것이다.

여기서는 야만적인 '현존재의 의지'가 단지 자의적인 반항에 있어 자기 자신을 주장하는지〔부정적인 현존재의 의지나 현존재에 대한 절망적인 부정에서 무슨 일이 일어나든간에〕, 또는 '실존적 의지'가 충만되고 초월자와 관계하는 역사성의 근원으로부터 참된 자유에 있어서 곧 모든 이성성에 개방되고 그 자신은 투시되지 않으면서 발생하는지 이를 객관적으로 구별할 수 없다.

단순한 현존재의 현상인 이러한 두 가지 가능성은 의식일반의 앞에 있어서는 동일한 것으로 보이기 때문에 이러한 가능성에서 완전히 본질적으로 다른 것을 식별해 낼 수 있는 실존에 의해서만 이러한 가능성은 구별된다.

마찬가지로 참된 사귐의 근원인 실존이 단독으로 존재할 수 있는 가능성(Alleinsein Können der Sxistenz)과 본래적인 사귐이 아니라, 여러 가지 제약망에 놓인 거래를 원할 뿐인 현존재의 자기 고립화는 객관적으로 구별되지 않는다.

내가 무제한한 고독 때문에 파멸하지 않고 오히려 나의 가능성에 대비하면서 초월자 앞에 단독적으로 있을 수 있는가 없는가 하는 것은 나의 사귐의 진리를 결정하는 것이다. 인간은 근원에서 힘과 가능성을 획득하기 위해서는 단독적으로 존재하지 않으면 안 된다.

이와 반대로 절망적인 무능력, 아니 오히려 무의지로 도피하여 옆으로 비켜서기 위해서 이 세계에 있어서의 곤란한 일들을 회피한다면, 나는 사실상 초월자를 상실한 자기 고립화에 빠지고, 흥분과 공허한 권태를 느끼며, 단순한 현존재로서의 나의 주변을 맴돌게 된다.

실존해명에서 역설에 의해 실존의 진리를 간접적으로—오직 간접적으로만 가능하다—표현하는 필연적인 표현 방식이 생긴다. 위에서 설명한 것을 요약하면 다음과 같다.

나는 유일(보편)적인 것에서 존재의 깊이에 결박되며, 나의 현존재의 한정권 좁음을 인수하면서 그 좁음에 들어감으로써만 실존적으로 역사적일 수 있다.

나는 한계와 근거에서 단독으로 초월자 앞에 있을 수 있을 때에만, 사귐에 있어서 진실하다.

무수한 실존해명도 이와 마찬가지이며 그 실현과정은 다음과 같이 요약 설명할 수 있다.

나는 좌절을 알면서 동시에 이를 나의 행위에 받아들일 때에만, 가능적 실존으로부터 참된 실현의 행동을 한다.

나의 이성 전체가 사실상 그리고 나의 지식에 대하여 비이성에 근거를 두고 있을 때에만 나는 본래적으로 이성적이다.

내가 신앙하는지 않는지를 회의함으로써만 나는 신앙하게 된다.

2. 잘못된 논리화

실존해명적 언표의 轉倒[인용된 예에 나타난]

그러나 이런 언표는 동시에 오해와 전도의 원천이기도 하다. 만일 내가 예컨대 현존재의 좁음을 그 자체로서 원한다면, 또는 단독적으로 있거나 좌절, 비이성 자체, 회의를 원한다면, 이러한 언표의 의미는 파괴된다.

그러므로 역사성은 자기 자신의 현존재를 받아들이고 또 생기를 불어넣어서 초월자에 개방된 거대한 광역이 획득될 때에만 참된 것이다. 역사성이라는 사상이 좁음을 좁음으로써 긍정하고 더욱이 역사성에 의해서가 아니라, 역사성에 대한 잘못된 지식에 의해 비역사적으로 현존재의 좁음으로써 사는 데 도움이 된다면 역사성—그것은 이미 역사성 그 자체가 아니라 단순한 현존재이다—은 참되지 못하다. 현존재는 자기 자신에 몰락하고 자기 자신과 그 가치에 대한 불모의 불안에 빠진다.

또한 내가 실존을 방관하면서 실존은 사귐에 있어서만 현실적이라는 언표를 지식의 내용으로 삼고, 또 사귐의 결핍은 마치 존재에 대한 비난과 같다고 하면서 사귐을 나의 실존의 조건으로 만든다면 나는 사귐에 들어설 수 없다. 나는 이러한 역전에 의해 고유한 무제약적 용의를 파멸시키며, 또한 내가 홀로 있을 수 없다는 것(mein Nicht-allein-sein-können)이 욕구되고 간청되며 강요되는 거짓 사귐에 의해 은폐하는 형태로 이 사상을 악용하기 때문이다.

내가 나의 이성성의 전체에 있어서 비이성의 근거 위에 서게 된다는 것은 실존해명의 철학적 사유에 의해 확립된 보편타당한 권리에 의해 이성이 부정될 수 있다는 것을 의미하지는 않는다. 무이성적인 것, 또는 반이성적인 것은 결코 그 자체로서는 스스로 논증적인 요구를 제기할 수 없다. 왜냐하면 논증적인 요구 자체가 이성의 매개를 필요로 하기 때문이다. 단순한 경험적 실재성(實在性)의 실증성이나 실존적 근거의 실증성이나 이성 없이는 권리를 갖지 못한다. 정당화의 모든 싹은 범위 안에 나타난다. 비이성적인 것의 진리는 한계까지 실현시키는 이성 없이는 불가능하다.

그러므로 실존철학의 개념성은 해명이 아니라 실존의 혼란을 야기시키는 매개가 된다. 사실상 개념이 호소하는 바에 따라 사는 대신 이러한 개념을 언표의 내용으로서 직접 이용하는 것은 이미 이 한 길에 들어서 버린 것이다.

타인이 직접적인 의지의 요구에 의해서가 아니라, 단

지 가차없이 요구하는 사랑의 점진적으로 성숙하는 조심에 따라 간접적으로 해방되는 경우에 타인에게 자유를 요구한다는 것은 가장 극단적이며 무자비한 잔인성일 수 있다. 이 경우에는 마치 사랑이 마비되고 추상적인 요구가 합리화된 실존개념에 의해 언표됨으로써 무능한 것으로 남게 된 때와 같다. 〔가장 극단적인 경우에도 도움을 받기 위해 교회의 은총이라는 수단이 남아 있는 성직자의 경우라면 문제는 다르지만〕. 마찬가지로 이러한 사랑이 약해지고, 자기 만족에 빠지며, 따라서 타인과 자기 자신을 기만하면서 타인을 단순한 현존재에 있어서 합리화하고 또한 절망적인 상황과 관계하는 운동의 위험에 놀라서 물러선다면, 이는 실존적으로 파멸적인 거부이다. 만일 얼음같이 딱딱한, 또한 개방되어 있으며 동시에 개방하는, 그리고 모든 조소와 악의로부터 멀리 떨어져 있는 명료성에서만 비로소 완전히 살아 있는 참된 사랑이 이미 활동하지 않고 있다면, 실존해명의 개념을 실존상실의 현존재의 합리화에 이용하는 악용은 다시금 도피적인 태도를 방조하고 또한 단순한 현존재가 불안과 감정에 속박되는 것을 촉진한다.

그러므로 철학적인 실존해명의 개념은 기만적인 억측에 의해 더 실존적인 것을 더욱더 상실시키는 수단이 될 수도 있다. 개념을 추상적으로 사용하면, 또 실제로 내가 그 도상에 있다면 이에 대해 말하는 것이 오직 나를 여기에서 벗어나게 하는 것에 대해 말하는 것이다. 내가 정당하게 말하면 동시에 나는 이 정당성에 의해 전혀 참되지 못한 것이 된다. 나는 결정적인 것을 추상적으로 아마도 정확하게 언표할지 모르나, 그 결과로 결정적인 것은 구체적으로 파악되지 않을 뿐 아니라 파괴된다. 추상적인 적용은 상황에 있어서는 아무것도 말하지 못한다.

왜냐하면 실존해명적 사유의 진리는 결코 내용 그 자체에 있는 것이 아니라, 사유에 의해 나에게 야기되는 것에 있기 때문이다. 곧 용의를 갖추고 또 회상을 하는 가능적인 것의 정열이나 또는 현실적인 사귐[이러한 사귐에서는 언표된 것은 실존적으로 참된 것으로써—사랑의 절대적 의식으로부터 비계획적으로—그때그때 일회적인 양식으로 나타난다]에 있는 것이다. 철학적으로 사유된 것이—이와 같이 사유된 것이—자신 또는 실제적인 사귐에 있어서 인간에 의해 생각된 것이 아니라, 인간 자신을 나타나게 하는 대신에 어떤 것에 도달하기 위한 지식으로서 행동·응용·논증에 이용되는 경우에는 언제나 이미 악용되고 있는 것이다. 이러한 사유는 참되며 따라서 사유하는 자의 존재와 불가분리하게 결합돼 있거나, 또는 내용으로서 타자처럼 알려진 것, 즉 참되지 못한 것이다. 실존해명의 개념은 내가 그 개념에 있어서 자기 자신이 되지 않고서는 그 개념에 의해 생각할 수 없는 것이다. 반대로 과학적인 내용은 내가 완전히 다른 범주에 산다고 하더라도, 역시 알 수 있는 것이다.

왜냐하면 과학적 지식은 나는 무엇인가 하는 것을 문제 삼지 않기 때문이다.

일반적인 공식화

따라서 일반적으로 공식화해서 말한다면, 실존해명적 언표(言表)의 진리는 만일 그 내용이 지식이 되거나 또는 이러한 언표로부터 합목적으로 계획된 의지의 내용이 도출되거나 하면 언제나 전도된다. 따라서 이러한 언표의 이성적인 비논리로부터 잘못된 논리화가 생긴다. 잘못된 논리화에 의한 언표의 내용은 유한한 존립(存立)의 일정한 일의성(一義性), 말하자면 현존재 같은 것을 갖게 된다. 그렇게 되면 이러한 악용의 결과 실존해명의 개념은 다른 사람과 나를, 그리고 다른 사람의 태도와 나의 태도를 이러한 개념 밑에 포섭하기 위해 적용되며, 따라서 실존해명은 심리학처럼 이용된다. 무엇이 실존인가를 알려주는 철학적 언어는 비진리 전도 및 실존 자체의 파괴가 따르지 않고는 실존에 대해 마치 의식일반이 현존재에 대해 알고 전달하듯이 할 수는 없다.

실존해명과 형이상학과 초월적인 철학적 세계 정위에 대해—일반적으로 철학적 사유의 모든 영역에 대해—일반적으로 말한다면 다음과 같은 명제가 성립한다. 곧 철학적으로 알려지고, 호소하고, 환기되고, 각지되고, 현현된 것은 단순한 오성의 형식에 있어서 지식의 내용처럼 취급된다면, 철학적 사유에 의해 생각된 내용은 상실된다. 동시에 여기서 오성에 의해 알려진 것처럼 억측되는 이론이 타당한 것으로 확립된다면 그것은 사기가 된다.

언어에는 언제나 전도된 의미가 있게 마련이다. 그러므로 존재의 근거는 이를 파악하였을 때 이에 이름을 붙이지 않음으로써 접촉될는지도 모른다. 그러나 이것도 역시 내가 그것을 고의로 회피—그렇다면 인공적이며, 단지 수사학적·문학적 기술에 지나지 않는다—하지 않고, 절대적으로 원할 수 없는 것으로 경험될 때에만 그러한 것이다.

나는 어디로부터 왔으며, 무엇에 의해 살고 있는가에 대하여서는 이미 개념적인 방법으로 말해진 것에서 이를 파악할 수 없고, 따라서 간접적으로 나타낼 때에만 이에 대해 말할 수 있을 뿐이다.

비합리적인 것의 잘못된 합리화에 대한 주시

상술한 논리적 해명을 통해서 우리는 인간 정신의 운

명적인 현상, 곧 어떤 시대에나 있는 것으로 특히 지난 세기에 더욱 확대된 현상, 곧 우리들이 비합리적인 것의 합리화라고 부르는 운동을 이해한다. 모든 것을 다 알고 있다고 자처하던 계몽주의는 욕구하는 것을 기술적으로 생산하기 위하여 오성과는 이질적인 것에 대해서도 오성지(悟性知)의 형식을 추구했다. 비합리적 가치에 대한 탐닉으로부터 원하는 결과를 의도적으로 꾸며냄으로써 세계에 있어서의 참된 합리성의 고양이 아니라 오히려 참된 합리성의 날조로 말미암아 비합리적인 것의 광범한 파괴가 일어났다.

인간의 행위가 계획적인 목적으로서 무엇을 바랄 수 있는가, 그리고 무엇을 바랄 수 없는가, 또는 무엇을 욕구할 수 있으며, 욕구되면 곧 소멸하는 것은 무엇인가, 또는 계획에 의해 사실상 달성될 수 있는 것은 무엇이며 합목적적인 것이 됨으로써 오히려 불가능해지는 것은 무엇인가 하는 것이 인간 행위의 본질적인 문제이다.

만일 우리가 독특하며 고유한 종류의 인격이 되는 것을 목적으로 삼는다면, 우리는 핵심에 이르기까지 현실성이 없는, 따라서 인격이 아니라 걱정스럽게 만들어 낸 형상일 뿐인 순수한 가면으로서의 인공적 형성물이 될 것이다. 인간은 여러 가지 사물과 관계하며, 활동과 행위에 의해 세계에서 무엇인가를 생산해 냄으로써 인격을 획득할 수 있다.

모든 실체적 내용에 대해서도 인격과 같은 사정이 성립한다. 우리는 실체적 내용으로부터 요구하고 이 내용을 간접적으로 각성하고, 이 내용을 표준으로 언제나 우리의 현존재를 형성할 수 있지만, 우리는 실체적 내용 자체를 원할 수는 없다. 신화는 일단 사라지면 이들 어떤 의지도 회복하지 못하는 법이다. 의지는 단지 보상물을 만들어낼 수 있을 뿐이고 우리에게 새로운 종교가 필요하다고 생각되어도 새로운 종교를 만들어 낼 수는 없다. 모든 시도는 무력한 모조품에 귀착되는 것이다. 내가 사랑하지 않는다면 나는 나에게 어떠한 사랑도 강요하지 못하며 사랑과 타협하지도 못하고 또한 여러 가지 준비에 의해 사랑을 유발하지도 못한다. 내가 믿지 않는다면 신앙하기를 원한다는 것은 바랄 수 없는 일이다. 이렇게 함으로써 오직 나는 나와 나의 세계에 불성실과 혼란을 일으킬 뿐이다.

이러한 전도 결과 결국 자기 자신을 고립시키고 모든 것을 알 수 있으며, 또한 모든 것을 의도에 따라 만들어 낼 수 있다고 생각한 오성(悟性) 자체가 절망에 빠진다.

總括―思惟의 우월에 대한 확증

앞에서 예를 들어 설명한 것은 어떠한 의미에서 우리가 사유의 우월에 대해 말해야 할 것인가를 보여주었다. 사유와 앎의 본질은 일반적으로 매우 좁은 의미에서 기계적으로 사고하며 구별과 정의와 질서에 전념하는 오성에 있다고 이해되고 있다.

그러므로 일면적이고 협착하며 형식적인 사유에 의해 성립되는 경험은 사유에 의한 혼란의 한 근거가 되며, 사유에 의한 혼란으로부터 생을 저지하는 것이 사유라고 비난하는 경향이 생긴다.

그러나 내가 사유를 모든 대상적 사유, 예컨대 객관적인 변증법적 사유라는 넓은 의미로 받아들이면 다음과 같은 사유의 경험이 생긴다. 곧 내가 아는 것은 이미 기지(既知)의 것으로서 사실상 나에게는 상대적인 것으로—가능성으로 변하고 의심스러운 것이 되었기 때문에—나타나는 것이다. 그러므로 나는 무제약적이 아니며 또한 동시에 이를 알 수 있는 것처럼 보인다. 그러므로 우리가 우리의 지식을 무제한한 지평선에 확대시킬 때, 우리는 우리의 근원에 충실한가 아닌가 하는 것이 절박한 문제이다.

사실 우리는 가지적인 것을 그 극단까지 알려고 하는 모험을 감행함으로써만 근거에 충실하고 존재와 결합되어 있다. 왜냐하면 이렇게 함으로써만 근거가 전개되고 존재가 개방되기 때문이다. 그러나 우리는 언어와 외면적으로 사유 가능한 것의 형식에 몰두하지 않고 또 사물과 내용이 없는 사유를 허용하지 않을 때에만 근거에 충실할 수 있다. 또한 그것은 사유 자신에 의한 계속적인 제약과 통제를 요구한다. 우리는 앎의 양식과 그 한계에 대한 의식을 갖고 비로소 본래적으로 바르게 알 때에만 참된 것이다. 왜냐하면 언제나 전달이 가능한 것—전달 가능성의 양식이 없으면 진리는 존재하지 못한다—은 다양한 단계에 있어서 포월자가 서로 의존하는 관련성에 속해 있으며, 또한 언제나 그 영역을 넘어서가 아니라 그 영역 안에서 의미를 갖게 된다.

그러므로 내가 어떻게 나의 앎을 아는가 하는 것은 앎이 시작된 시초부터 철학적 사유의 근본문제 중 하나다. 그것은 이성의 자아의식이다.

이러한 지적 작용에 대한 지식에 의해서 유한하게 알려진 것으로부터 분리됨으로써 일정한 것으로 알려진 것에 비로소 본래적으로 접근하게 되며 동시에 실존을 단순한 지식—여기서 실존은 존재로서 끊임없이 상실될 위험에 놓여 있다—으로부터 해방시킨다. 이러한 지식에 대한 지식의 철저성만이 존재의식을 언제나 현현하는 초월자에 대한 기만 없이 개방시키는 것이다.

우월의 표현에 대한 두 가지 誤解—공허한 論理와 絕對知

지식에 대한 지식은 아리스토텔레스로부터 칸트의 초월적 사유에 이르기까지 결국 두 가지 유형의 오류를 보여주었다.

첫째, 지식에 대한 지식은 존재와 관계하지 않기 때문에 무내용적인 논리학의 공허성이 되며, 따라서 지식에 대한 지식은 추리형식, 기호의 관계, 자의적이고 형식적이며 공허한 조작(操作, Operation) 등에 대한 무한히 새로운 지식에 빠질 때에는 위협을 받는다. 그러므로 지식에 대한 지식은 이미 자아의식 자체의 모든 특수한 지식에 침투하는 지식이 아니라, 가능한 표현형식, 지성능력, 언어, 수학적으로 파악할 수 있는 형식주의 등, 철학적으로는 무관심한 것에 대한 지식이다. 지식에 대한 본래적인 지식은 이러한 재료를 지배하기 위해서는 이러한 길을 가지 않을 수 없지만, 어떤 것에 대한 지식인 것이다. 이러한 침투적(浸透的)인 지식은 어떤 것에 대한 사실적인 지식으로부터 유리(遊離)되어 나타나는 것은 아니다. 왜냐하면 그렇게 되면 지식에 대한 지식은 공허해져서 어떤 특수한 것에 대한 새로운 지식이 될 것이기 때문이다.

둘째, 정반대의 방식의 오해로서 이러한 분리는 관념론의 절대지에서도 생긴다. 절대지의 오해는 포월자의 모든 양식에 대한 앎에 모두 침투함으로써 해명되는 존재 의식을 실제로는 특수한 것인 모든 내용에 대한 지식을 고립적으로 생산하는 것으로 변화시킨다. 이러한 지식은 마치 그 자체가 내용을 창조할 수 있듯이 수학처럼 독자적으로 분리되어서 구성되어야 한다. 이러한 지식은 그 자체로서는 모든 본래적인 것, 신성까지도 가지적인 완성된 체계에 폐쇄한다.

이 두 가지 오해는 오직 오해에 의해서 비로소 가능해지는 실체를 암시하는 것일 뿐이다. 여기에는 모든 지식을 존재 의식으로 변화시키는 원천이 있다. 또 여기에는 아는 자의 현실에 있어서 지식으로서의 양식에 의해 어떤 것에 대한 단순한 지식 이상의 것이 되게 하는 충동을 처음으로 지식이 획득하는 용수철이 있다.

이러한 일은 오직 사유하면서 수행될 수 있을 뿐이며, 개별적인 것으로서는 결코 다시 한 번 알려지지 않는다. 사상은 이를 회상하고 또 이 방향으로 나아간다.

그 자체로서는 공허하고 무한한 것이 되는 보편적이며 무제한한 요구 대신에 현실로부터 존재 자체로부터 사유하면서 존재에로 돌아가는 길로 나아가라고 하는 요구가 있다. 이성적으로 되라고 하는 것으로는 충분하지 않고 오히려 실존에 의해 이성적으로 되고 더 나아가 포월자의 모든 양식에 의해 이성적으로 되라고 해야 한다.

그러나 이것은 역시 합목적적인 욕구에 의해서는 달성되지 못하며, 현실적인 철학적 사유인 내적 행위에 있어서 맞이할 수 있다. 철학적 사유에 있어서 모든 것이 정지하고 자아존재가 무 또는 신성 앞에서 자기 자신을 보는 점에 도달되면, 사상성이 어느 정도로 공허에 의해 절대적으로 무기반적(無基盤的)인 것에 침몰하지 않고 오히려 사유하는 자가 자기 자신을 맞이하고 자기 자신을 상실하지 않는 한에서만 각자에게 감지되는, 말하자면 증여(贈與)되는 존재를 맞이하기 위하여 사유하는 자를 개방시킬 수 있는가 하는 점에서 사상성의 운동이 문제가 된다.

그러나 이 가장 극단적인 한계에 있어서 오성―규정적인 것을 직관하려는 의지로서의, 파악하려고 하는 의지로서의, 어떤 목적의 합목적적인 욕구에 대한 의지로서의―은 다음과 같은 경향을 갖는다. 곧 유한한 지식에 의해 파악되는 세계의 어떤 특수한 현존재의 현실을 초월적으로 충만한 역사성의 점이 아니라 오성에 의해 공허화된 무(無)의 점이 되게 한다. 곧 실존의 철학적 운동에 있어서 자기 자신이 됨으로써 초월자라는 본래적인 존재를 각지하는 대신에 오히려 심리학적·사회학적 자연적인 것이 되게 한다.

세계 안에서 알려지고 탐구되는 현존재의 현역을 절대화하는 데서 자신을 보호하고, 초월자에 대해 자기 자신을 자유롭게 개방하며, 공허한 오성과 파악할 수 없는 언어의 무한한 형식화로부터 자기 자신을 지키기 위해서는 사유의 우월이 그때그때 규정되는 무제한한 지식의 명료성에 있어서 현실적으로 획득되어야 하며, 이성 이상의 것을 각지하기 위하여 언제나 이성이 실현되어야 한다.

제5강 현대의 철학적 사유의 가능성
키에르케고르 및 니체에 의한 상황
— 예외자에 직면하여 예외자로서
철학을 해서는 안 된다는 과제 —

우리는 제1강에서 키에르케고르와 니체에 의해 조성된 이 시대 현실의 철학적 상황을 고찰하였다. 그들에 의해서 역사적으로 유일하며 어떤 다른 역사적 사실과의 대비에 의해서도 이해될 수 없는 양식으로 사유 가능성과 사유 필연성의 새로운 상황이 발생하였다. 사실 때때로, 사람들은 화가 나서 두 철학자를 무시하고 싶어하는 것 같았다. 그러나 사람들은 그들을 참되게 투시하지도 못했고 또 그들의 현실과 사상을 본래적으로 이해하지도 못했기 때문에 그들은 전보다 더욱 위대하고 더욱 감명 깊은 모습으로 되돌아온다. 반 세기 동안 그들의 위대한 각성작용과 철저한 파괴작용의 이의성이 계속되었다.

우리는 그들이 남긴 불멸의 요구를 더욱 결정적으로 경험하기 위하여 그들이 받는 오해에 대항하여, 그리고 그들의 사상과 언어를 허무주의적이며 궤변적으로 도착시키고 무한한 반성으로 이끌어가거나 또는 암시적으로, 기습하는 방식에 대항하여 철학적으로 방어해야만 했다.

지나간 수십년 동안 진리가 이른바 이성적인 것, 그러나 오직 외견상 이성적일 뿐인 것에 제한되어 무력하고 효과가 없었으며, 또한 마찬가지로 이성에 대한 효과 없는 비난이 일어나 불충분하게 파악된 이성은 쉽게 이러한 비난으로 변할 수 있었다는 것을 안다면 오늘날 사람들이 실존철학이라고[1] 부르는 철학은 혼돈하고 반이성적인 운동이 아니라 오히려 합리적 이성이라는 위장을 하는, 또는 공개적인 반이성으로서 나타나는 혼돈과 파멸에 대한 반격을 의도한다는 것을 알 수 있을 것이다. 실존철학에 있어서는 근원의 결정성으로부터 초월적으로 관계된 삶의 명료성이 다시금 사유의 표현에 의해 우리가 사실상 생활화하는 철학으로서 전달되어야 한다.

현재 사유의 상황에서 다시금 '철학이란 무엇인가?' '철학으로부터 무엇이 생길 것인가?'라고 묻는다는 것은 우리가 사실상 어떤 종점에 서 있다고 생각하고 있는 것을 의미한다. 곧 헤겔은 유럽의 객관적·자각적·절대적 합리주의 철학의 종극(終極)이었으며, 요즘 헤겔에 따라 철학을 한다는 것은 과거 실체의 전체성에 대한 현재의 지식에 지나지 않는다. 또한 키에르케고르와 니체는 신 또는 무와 맞선, 사귐을 잃은 예외자의 무제한한 반성에 의한 회의의 가능성의 종극이었다. 이러한 두 가지 종극의 양식을 근원으로부터 고찰한다는 것은 철학하는 사상적 수단을 획단하기 위한 조건인 동시에 본질적으로는 무를 외면상 타당하게 주장하는 것이 아니라, 내면적으로 자신의 경험에 있어서 실제로 여기서는 더이상 갈 수 없다는 것을 알게 되는 지점에 도달하기 위한 조건이 된다. 사실상 우리는 무 앞에 있는 것이 아니라 인간이 살아 있는 시대에는 언제나 그런 것처럼 근원 앞에 있는 것이다. 이러한 경험은 새로운 철학적 사유로부터 생기는데, 우리는 이러한 철학적 사유의 가능성을 형상화해 보려고 한다.[2]

키에르케고르와 니체에 따르는 철학은 그들의 사유를 유일하고 일관된 체계에 묶거나 또는 이러한 체계에 따라 그들의 근거에서 분리된 서술을 함으로써 성립되는 것이 아니다. 이러한 근거 자체를 활동시키는 것이 문제이다.

우리는 예외자를 응시하면서 예외자가 되지 않고 철학한다는 것만이 과제이다.

예외자의 진리는 우리들에게는 불변의 회의이며, 이러한 회의가 없으면 우리는 철저하지 못한 사유의 자기만족이라는 다소간 조잡한 자기 이해에 빠지게 된다.

예외자에 대한 지식에 의해서 우리들의 영혼은 새로운 협력에 갇히는 대신에, 절망·자살·밤에의 정열 등 부정적 결단의 어떠한 형태에 있어서도 자기 자신을 표현할 수 있는 가능적 진리와 현실성에 개방된다. 반이성적인 것을 이성적으로 간취(看取)하는 것은 부정적인 것에서 긍정적인 것의 가능성을 드러내줄 뿐 아니라,

우리들 자신이 입각하고 있는 근거를 보여준다. 예외자가 없으면 우리는 진리에 접근하는 불가결한 길을 상실할 것이다. 예외자의 성실과 무제약성은 우리들에게는 표준이 되며, 우리는 여기서 실현된 내용에 따르는 것은 아니다. 우리는 가장 심원한 근거 부여의 가능성이라는 점에서 키에르케고르와 니체에게서 새로움을 얻었음에도 불구하고, 본질적인 결단에 있어서 그들을 따르지 않는다는 것은 우리들의 철학적 상황의 곤란성을 야기시킨다.

그들에 의해서 충동이 주어진 철학적 사유는 그들의 사귐의 상실과는 반대로 사귐의 철학이 될 것이다〔그렇지 않으면 예외자는 반복되지 않기 때문에 철학적 사유는 무익한 노력이 될 것이다〕. 예외자의 부정적이며 무제한한 철저성과는 반대로 이러한 철학적 사유는 포월자의 모든 양식들의 전달 가능성에 결합될 것이다. 예외자의 세계 상실의 모험과는 반대로 이러한 철학적 사유는 결코 약화가 아니라 역사적 실현으로서의 사귐에 의한 결합의 의지로부터 생길 것이다.

이러한 태도는 현대의 철학적 사유의 필연적이며 제일차적인 근본 특색으로 나타난다.

(1) 현대의 철학적 사유는 예외자의 철학이 아니라, 일반인의 철학을 원하기 때문에 철학적 사유가 많은 사

람들의 현실에 적용될 때, 곧 이성의 가능성이 가장 광범한 영역에서 방법적으로 자각될 때에만 현대의 철학적 사유는 참된 것이다.

(2) 불가능한 것처럼 보이는 것을 수행하는 예외자에 직면하였을 때에만 우리는 자기 기만 없이 우리가 다시 변화시켜야 할 철학의 역사에서 보편적인 것의 존재로 귀환할 것이다.

(3) 예외자의 사유는 사실상 철학적 사유일 뿐 아니라 마치 비철학—그것이 계시적 신앙이든 또는 신의 상실이든간에—으로 전도되는 것과 같은데, 이러한 사유를 하는 예외자에 직면하여, 철학적 사유는 여기에 본질적으로 관계하면서 동시에 끊임없이 회의하는 이러한 두 가지 가능성 사이에서 움직이고 있다는 것을 의식한다.

(4) 따라서 철학적 사유는 고유하며 본래적인 철학적 신앙의 근거를 새로이 확인하지 않으면 안 된다.

그러나 철학적 사유의 이러한 과정에 있어서 우리는 마치 키에르케고르와 니체의 궁극적인 불안정을 떠나서 새로이 칸트, 스피노자, 니콜라우스 쿠자누스, 파르메니데스 등의 안정을 추구하는 것같이 보인다. 그러나 키에르케고르와 니체의 불안정은 가물거리는 등대처럼 끊임없이 방향을 지시하고 있으며, 이러한 방향 지시가 없으면 가르칠 수 있는 철학적 지식 내용—그 자체로서는 아무런 힘도 없다—의 기만에 전락하고 말 것이다.

〔原註〕
1) 이 명칭은 제한되는 경우에는 오해되기 쉽다. 철학은 언제나 원초적이고 영원한 철학 자체이기를 원할 수 있다.
2) 우리가 앞의 강좌에서 설명한 知의 假象에 의한 倒錯, 즉 실존이 可知性으로 변화됨으로써 일어나는 실존의 침몰—근원으로서 참되게 요구될 수 있으나, 그러나 요구된 것으로서는 파멸되는 계획적인 제작에 의해 일어난—에 대해 생각한다면, 이러한 인간의 사유의 본성에 있는 가능성에 대한 지식은 목적을 위한 수단처럼 참된 철학은 계획적으로 생산되지 않는다는 결론이 내려진다. 이러한 오류에 대한 지식은 어느 정도 기만을 방지할 수는 있으나, 적극적인 것을 의도적으로 생각케 만들지는 못한다. 철학적 사유는 명백하고 무제한 가능성의 근거 위에서는 이전보다 더욱더 시도되는 것이니, 곧 모든 이성적인 합목적성에도 불구하고 모든 목적을 넘어서는 행위이다. 내가 사유하면서 감행하는 것으로부터 내가 무엇에 마주치는가 하는 데 대한 답에서 실존적으로는 본래적인 존재로서 현현하는 것임에도 불구하고, 이미 알려진 것으로서는 결코 나에 대해 궁극적인 것으로서 현존하지 못하는 것은 무엇인가 하는 새로운 질문이 성립된다. 진리의 기준은 단지 논리적인 기구에만 있는 것이 아니라, 이러한 실존적 기준에도 있다. 이러한 회상은 현대의 철학적 사유의 像에 대한 우리의 구상을 단순한 암시로 제한하는 것이다.

1. 이성과 철학적 논리학

 종전과 마찬가지로 최대의 철학적 관심은 이성에 쏠리게 되었다. 키에르케고르와 니체의 회의에 따르면 이성은 이미 자명한 것이 아니다. 독일 관념론 철학의 이성에 대한 심오한 탐구는 우리들에게는 이미 타당한 것은 아니다. 그러나 그것은 합리성의 마르지 않는 원천이며, 이러한 원천이 없으면 우리는 참된 철학적 사유의 평면에 도달할는지 못할는지도 모른다.[1)]

 우리가 수천년 동안의 실제적인 철학적 사유를 회고하며 '철학은 이성에 근거를 둘 수 있는가?' 하는 질문을 제기한다면 대답은 다음과 같다. 곧 철학은 이성에 의해 포월자의 모든 양식들에 있어서 타자에, 그리고 궁극적으로는 본질적으로 초월자에 근거를 두어야 하기 때문은 아니다. 그러나 철학이 자기의 근거를 세우는 방식은 이성을 넘어서는 데 있기 때문에 그렇다. 철학은 오직 이성에 의해서만 활동하는 것은 아니지만 이성 없이는 한 걸음도 나아갈 수 없다.

 또한 이성은 철학을 산출하는 실체는 아니다. 왜냐하면 철학은 가능적 실존—가능적 실존은 자기 입장에서 본다면 이성성에 의해 전개될 수 있는 것이지만—에 근거를 두고 있기 때문이다. 나는 이성의 능력을 가진 존재자이기는 하지만 순수이성으로부터 존재하는 존재자는 아니다. 이성이 실체가 아니라 하더라도, 이성을 조건으로 하지 않는 한 우리들에게는 어떠한 실체도 존재하지 않는다.

나는 이성을 인격화함으로써 이성에 대해 말할 수 있고 또 나에 대한 모든 진리의 조건으로서의 이성에 복종할 수 있다. 그러나 이성은 결코 영속적인 것은 아니며 시간적 현존재에 있어서 언제나 다시 과제가 되는 것이다. 이성은 목적 자체가 아니라 매개이다. 이성은 그것에 의해서 모든 타자가 비로소 본질을 얻고 명료성을 획득하고 확증을 경험하며 승인을 받는 것이다. 이성이 없으면 모든 것은 마치 잠자는 싹과 같을 것이다.

나는 이성만으로는 아무것도 생산하지 못한다. 나는 항상 이성에 의해서 타자—이 타자에 의해 이성은 비로소 자기 자신이 된다—와 만나게 된다. 그것이 이성의 모든 행동에 나타난다. 나는 현실적인 것을 결코 고안해 낼 수 없으며, 따라서 예컨대 초월자를 증명할 수도 없다. 그러나 결코 어떤 것에 대한 지식[이러한 지식은 직관이나 단순한 所與性으로서 타자에서 실현된다]을 강요하지 않는 이성의 사유는 그 자체가 일정한 형태에 있어서 실존의 행위인 것이다. 실존은 실존의 초월자에 의해 주어진 아래에 의해서 그 자체가 실존의 존재의 경험인 사상을 실현한다. 곧 나의 실존의 의식과 불가피하게 결합되어 있는 것은 의식일반에 의해서 증명되는 것이 아니라, 이성적으로서 타당하게 해명되는 실존에 의해서 증명된다. 이성은 신성의 사실적인 전제로부터 신의 증명을 하는데, 이때 이 증명은 논리적으로 해결할 수 있는 명증성은 갖지 못하나 실존에 대해서는 충만된 것이며 생생한 것이다.

그 자체만으로는 비창조적인 것인 이성의 본질 때문에 이성의 보편성이 가능하며 이러한 보편성에 의해서 이성은 어디서나 창조적인 것을 활동시킨다. 이성의 접촉을 벗어날 수 있는 것은 하나도 없으며, 모든 것은 이성의 긍정적 또는 부정적 제약에 의해 비로소 본래적으로 나타나게 되는 것이다.

이러한 보편적 합리성의 자기 의식은 형식의 면에서는 철학적 논리학으로 전개된다.

우리는 앞의 강의에서 철학적 논리학의 분야로부터 —잘못된 단순화에 나타나는 이성과 실존간의 대립을 설명하기 위해서—세 가지 사상 곧 포월자라는 '확장적'인 사상, 사귐으로서의 진리라는 '결합적'인 사상 및 반이성적인 것을 포용하며, 허위를 가능하게 하는 이성의 편재(遍在)를 나타내는 사유의 우월이라는 사상을 검토했다. 어느 경우에나 이성과 실존의 양극성(兩極性)이 드러났으나, 이러한 양극성은 우리가 존재하는, 그리고 존재가 우리에 대해 존재하는 양식의 복잡한 상호 의존성에 대한 요약된 형식에 지나지 않는다.

우리가 철학적 논리학에 있어서 이러한 길을 간다면 어떤 입장에서 진리를 소유한다든지 또는 반정립적(反定立的)으로 배타적이거나 절충적인 가능성의 형태로 진리를 소유한다는 것은 논리적 의식으로 말미암아 이미 불가능한 것이다. 현존재는 마치 개방된 것과 같으며, 그 결과로 우리는 현존재에 있어서 끊임없이 자기 자신과 싸우면서 그 근원과 목적이 알려지지 않은 도상에서 포월자의 모든 양식들의 진리를 쟁취해야 하는 것이다. 그러므로 이제 우리들이 참된 것이라고 받아들일 수 있는 해결로서의 학설 따위는 존재할 수 없다. 이러한 학설은 시간에 있어서의 인간의 사명을 파괴할 것이기 때문이다.

궁극적인 것으로 고정된 모든 형태를 돌파하고 가능한 것으로 생각되는 모든 입장을 상대성에 있어서 지배하는 것이 중요하다. 그리고 포월자의 모든 양식을 의식하고 전달 가능성이 있는 모든 양식을 실현하는 것이 중요하다. 이렇게 해야만 실존의 기반을 참되게 지탱할 수 있는 공간이 획득되는 것이다.

세 강좌에서 예를 들어 설명한 철학적 논리학은 그 전체적 과제를 말할 때 더욱 명백히 설명된다.

곧 철학적 논리학은 결코 전통적 형식논리학이나 과학의 연구방법이나 논증방법의 이러한 부분적 영역은 그 전체적 의미가 아니라 그 명확성 때문에 불가침적인 것이기는 하지만—제한을 받아서는 안 된다. 칸트의 논리학에서 비로소 가장 광범한 지평선이 열린 것은 새롭고 이후로는 상실될 수 없는 기초이다. 헤겔이 그의 범주론으로서의 형이상학적 논리학에서 전개한 것은, 그 원칙과 방법은 우리가 받아들일 수 없다 하더라도 현대의 과제, 곧 포월자의 각 형태에 있어서의 인간적 사유라는 논리학의 과제에 유사한 과제를 해결한 것이다.

전통적 형식논리학은 포월자의 모든 양식에 대한 개방성에 있어서 논리적 가능성의 다양성을 구별하며 이를 개관하지 못했다. 형식논리학은 철저히 합리적 대상 및 이러한 대상의 단순한 대립자에 결부되어 있었다. 형식논리학은 협착한 절대화에 의해 자기 자신의 통일을 성취하였다. 이와는 반대로 철학적 논리학은 사유의 수평화(水平化)에 대항하여 각 단계, 각 국면에 있어서의 포월자의 양식에 대한 앎을 활동시켜야 할 것이다〔고대의, 그리고 언제나 반복되는 단계설과 유사하게〕.

그러나 철학적 논리학은 고유한 본질을 마치 완성할 수 있는 것처럼 조직화하는 데도 반대해야 마땅할 것이다. 철학적 논리학은 비록 전달 가능성의 형식에 의해서이며, 전체의 의식을 실현하기 때문에 전체의 유일 가능한 유사물이기는 하지만, 철학적 논리학이 전체가 될 수는 없다.

철학적 논리학은 이러한 새로운 가능성을 키에르케고르와 니체로부터 얻었다. 그들이 수행하고 그리고 단지 부분적으로 〔니체보다는 키에르케고르가 더 많이〕 의식화한 것을 체계적인 합리성에 의해 명백히 한다는 것은 아직도 미해결 과제로 남아 있다.

이 새로운 논리학은 자기 자신의 명료성을 추구하는 실존으로부터 충동을 얻지만, 시도된 모든 결론에 대한 끊임없는 불만을 이성으로부터 획득한다. 철학적 논리학은 실존해명이 자아존재의 가능성을 문제로 삼는 데 대해, 사유의 보편성으로서의 이성의 자기 의식에 이르는 길이다.

환언하면 이러한 논리학은 존재확인의 모든 양식에서, 과학에서, 철학적 세계 정위에서, 실존해명과 형이상학에서 언제나 무의식적으로 생산되는 형식과 방법을 투시하려는 합리적 노력이다.[2]

이러한 논리학의 의미는 논리학이 그 자체로서는 어

떠한 내용도 산출하지 못하는 점에서는 부정적이며, 이러한 논리학이 모든 가능한 내용을 위해서 공간을 확보한다는 점에서는 긍정적이다. 어떤 진리의 의미 또는 어떤 가능화된 내용이 상실될 위험에 대하여 철학적 논리학은 명확한 한계를 설정한다. 여러 가지 주장이 복잡하게 엇갈릴 때에는 철학적 논리학은 의식의 명석성을 얻기 위해 노력한다. 따라서 철학적 논리학은 인간이 불명료한 충동이나 암시나 전환이나 가장이 모든 실체적 자기 존재를 가능성까지 소멸시키는 현존재—이러한 현존재에 대해서는 결국 심리분석이 정당한 이론이 될 것이다—에 변화하는 것을 제지한다. 철학적 논리학은 특수한 내용의 의미에 있어서 가지적인 것의 모든 양식을 받아들이는 용의에 의해 단순한 설득이나 잘못된 절대화를 방지한다. 그러므로 철학적 논리학은 객관적으로는 무력하고 비폭력적이고 온건한 활동이며 이러한 활동에 의해 모든 의미의 진리가 근원으로부터 성장하도록 촉진된다.

앎의 양식의 자아의식은 모든 양식으로 하여금 단호히 자기 자신을 실현하도록 격려한다. 그러므로 논리학은 성실성의 의식화된 형식이다

더욱이 철학적 논리학은 '사귐'의 협력자가 된다. 이성적 논리학은 그것만으로는 아직도 극심한 단절 위험에

놓여 있는 도구이다. 진리가 전달가능성에 결합되어 있을 때는 첫째, 언제나 새롭게 반복되는 포괄자의 각 양식의 전반적인 논리적 측면의 명료성은 방법적인 상호대화가능성(miteinander-Sprechen-können)의 전체가 된다.

그러므로 둘째, 내용이 우리들에게 자명하게 결합되어 있지 않은 경우—이와는 반대로 일반적인 언어에서는 의미의 모든 양식이 혼란하게 사용되고 있다—에는 논리학의 과제는 더욱 고도의 중요성을 갖는다. 곧 논리적 통찰 조건을 충족시키는 것만으로는 아직도 실존적 사귐이 성취되지 않는다. 조건이 충족되더라도 모든 내용은 아직도 분리되어 있을지 모르는 것이다. 그러나 우리는 논리적 명료성에 의해서 아직은 항상 의미 있는 상호대화를 나눌 수 있다. 또한 상호간 철두철미한 이질적인 것의 사귐이 심연을 넘어서서 효과적이며 생생하게 시도될 수 있을 것이다.

왜냐하면 합리성이 철저하다는 것, 다면적이라는 것, 실존에 결합되어 있다는 것이 이해되면, 합리성에는 마치 합리성이 항상 가능한 것처럼 여기는 자기 자신에의 신뢰가 있기 때문이다. 그러나 그것이 어느 정도로 성공할 것인가 하는 것은 합리성의 현실적 경험에 속하는 사항이다. 합리성은 선취(先取)된다면 비이성적인 것이 된다. 오히려 자기 자신을 자명한 것으로 전제하지 않는 것이 된다. 오히려 자기 자신을 자명한 것으로 전제하지 않는 것이 합리성의 고유한 이성일 것이다. 그러나 어떠한 세계에서도 합리성에 대한 반향이 울려오지 않는다 하더라도 합리성은 자기 자신에 절망할 수는 없다. 왜냐하면, 합리성만이 자기 자신과 동시에 타자를 바라볼 수 있으며, 궁극적인 좌절과 절대적인 반이성에 의해서 해명하고 따라서 비로소 본래적인 존재가 되게 할 수 있기 때문이다.[3]

〔原註〕
1) 칸트의 철학적 사유는 이성에 대한 신뢰에 기반을 두고 있다. 이성은 그 자체에 있어서는 파괴될 수 없다는 것, 오히려 모순은 사유에 있어서도 존재에 있어서도 성립될 수 없다는 것은 칸트에 있어서는 사유의 전제요, 목적이다. 세계에 대한 사유에 나타나는 이율배반, 즉 이 외견상 해결될 수 없는 모순에 대한 오랜 탐구 결과, 칸트는 이러한 가상이 필연적으로 발생할 수밖에 없는 인생의 근원에 대한 통찰에 도달하였다. 그리고 여기에서 그는 이성을 위한 위안과 용기를 발견한다. 곧 모든 오류를 제거하는 것만을 사명으로 하는 이성 자체가 평화와 안정된 소유를 희망할 수 없을 만큼 혼란한 상태에 있다면 도대체 이성은 무엇에 의존하려 할 것인가? 그러나 칸트의 이성은 광범한 영역을 갖고 있다. 곧 이성은 오성만이 아니라 어떤 대상도 인식되지 않는 이념의 능력 및 미를 관조로 포괄하는 것이다. 이러한 관조를 칸트는 인식능력, 구상력과 오성, 자유와 법칙의 합동작업에 있어서의 합리성으로써 해명한다. 어떤 대상을 인식하거나 어떤 행위를 실현시키지 않은 채, 이러한 미의 관조는 인간 전체로 하여금 그의 전체적인 합리성에 있어서 자기 자신과 초감각적인 基體를 각지하게 한다. 그러나 유희에 있어서만

그런 것이다.

그러나 칸트는 이러한 확대된 이성 개념을 도처에서 이성이 이미 파악할 수 없는 한계에 빠지게 한다. 그는 '비밀', '수수께끼' 및 심연을 인정한다. 특히 이성은 어떻게 자유가 가능한가, 다시 말하면 나의 지성적 본질의 근본악으로부터 비로소 나를 적극적으로 자유롭게 만드는 '사고방식의 혁명'은 어떻게 일어나는가, 하는 것을 파악할 수 없다. 그에게 '은총'은 이성이 반박할 수 없는 것, 그러나 탐나나 자기의 도덕적 책임의 약화에 빠지지 않고서는 '이성의 격률에서 사유하고 행동하는 것을 받아들이지 못하는' 어떤 것이다. '초자연적인 것의 탐구할 수 없는 영역에는 이성이 이해할 수 있는 것 이상의 것이 존재한다면 이것은 이성의 善意志에 부지중 도움이 될 것이라고 이성은 기대하고 있다.' 칸트는 또한 투철하게 자신에게 근거를 두는 이성의 한계의식을 실현하며, 그 결과로 이러한 한계에서 그에게 부정적으로 의식되는 것을 그의 신의식에 있어서 결정적인 깊이로 표현했다.

그러나 피히테, 셸링, 헤겔의 《관념론》은 우선 칸트가 간파한 이성의 모든 한계를 포기했으며, 결국 헤겔에 의해 모든 것을 하나의 이성에 포섭시키는 철학의 바빌로니아 탑을 건설했으며, 그래서 칸트적 의미를 훨씬 넘어선 새로운 의미를 획득했다. 이러한 이성은 '오성에 대해서는 신비'이다. 이러한 이성은 오성 없이는 한 걸음도 나아갈 수 없기 때문에, 오성을 이성의 운동에 수용하지만, 이러한 이성의 철학적 사유는 합리적인 것과 비합리적인 것의 통일로서, 현현하는 모든 존재의 합리성에 대한 절대자이기를 바란다. 이러한 이성은 자기의 한계를 오직 무관심으로서, 惡無限으로서, 개념에 복종하는 자연의 무력으로서, 본질을 상실한 우연으로서 알고 있었을 뿐이다. 이러한 和解的이며, 가장 整合的인 관념론은 피히테가 뒤에 모든 현존재와 이에 침투하는 자아성—곧 이성에 있어서 명백해지는 것—을 신성의 단순한 형상이라고 생각하고, 자유와 신, 현존재와 존재간의 비합리적인 분열(Hiatus irrationalis)을 재현했을 때, 이미 피히테에 의해 돌파되었다.

셸링도 관념론을 돌파하였으나 그는 관념론을 순수한 합리성의 연역적 서술의 전제로서 보존하고 이를 소극적인 철학이라고 불렀다(왜냐하면 이러한 이성철학의 길은 본래 이성의 모든 형태에 대한 지속적인 전복이므로). 그는 적극적인 철학을 구상하고, 이러한 철학에 의해 이성적인 근거가 아니라 사실적인 근거인 모든 것의 근거에 다가가려고 한다. 이러한 근거는 역사적이다. 이것은 결과로서 인정되지만 필연성으로서는 파악되지 않는다. 이 근거는 우리가 넘어설 수 없는 것이다. '아무도 처음 있었던 근거 외의 다른 근거를 설정할 수는 없다.' 셸링과 피히테는 모든 합리성의 근거에서 다시 사실적인 존재를 추구했으나 그들의 출발점이 아무리 참되다 하더라도 그들은 이에 도달하지 못했을 것이다. 그들은 그들의 관념론에 속박되어 있었기 때문에, 또는 참된 경험에 있어서의 가능한 충만이 결여되어 있었기 때문이다.

2) 나의 저서 ≪철학≫은 초월을 체계적으로 실행하려고 한 것이다. 곧 철학적 세계 정위에서는 세계 안의 기지의 사물에의 모든 가능한 속박을 넘어서서 浮動하게 하기 위해서, 실존해명에서는 본래 인간 자신이 무엇인가 하는 것을 각지시키고 또 깨우치기 위해서, 형이상학에서는 최후의 한계를 경험하고 초월자를 불러내기 위해서, 이러한 철학에 있어서 전달가능성을 추구하는 내적 행위는 칸트와 함께 낡은 객관적 형이상학을, 키에르케고르와 니체와 함께 전체성을 형성된 정신의 안정을 포기했다. 내적 행위는 이러한 방법으로 제한된 인식의 길을 순수하게 가는 것을 확고하게 가르치기 위해서 인간을 전체적으로 총괄한다고 하는 심리학과 오직 사실적 탐구에서, 그리고 개별적인 것에 대해서만 타당한 과학적 지식의 기타의 절대화를 거부한다. 이러한 내적 행위는 근원적인 지적 욕구에서 뿌리박고 있다. 이러한 지적 욕구에 있어서 비로소 분열된 세계에 있어서의 유한한 사물에 대한 과학이, 그 지식을 혼동함이 없이 실현될 수 있다〔내가 막스 베버라는 인물의 탐구와 업적에서 이러한 결과를 보듯이〕. 그리고 이러한 지적 욕구에 있어서 경험할 수 있는 현존재의 유한한 사물에 대한 인식은 이성 및 자유에 의한 삶과 관계하는 사유로부터 결정적으로 구별된다〔내가 이를 칸트에 의해 실현되었다고 보듯이〕. 이러한 지적 욕구는 이질적인 것으로

서 관계하는 어떤 타자에 대한 단순한 지식이 아니라, 해명하거나, 각성시키거나, 변화시키는 내적 행위에 있어서 행동인 사유를 전개시킨다.

이러한 철학의 철학적 논리학에 대한 관계는 다음과 같다. 곧 철학에 있어서 이성적으로 수행된 것은 합리성의 모든 양식과 함께 논리학에 있어서 형식과 방법을 자각하게 된다.

3) 도대체 이것이 본래적으로 반성 및 자기 반성—이러한 반성을 무제한하게 고양한 것은 새로운 상황을 조성한 키에르케고르와 니체의 행위의 하나였다—과 어떠한 관계에 있는가 하는 것이 의심스러울지도 모르겠다.

반성은 의식일반과 정신의 포괄자에 있어서 철학적 논리학의 방법론이 다루는 여러 가지 형식에 따라 일어나는 사유의 운동에 지나지 않는다. 무한한 반성은 인간의 과감한 모험에 있어서 이성의 무제한한 충동에 의해 생기는 것이며, 인간은 그의 기반—여기에서 반성은 좌초하게 되기도 한다—을 이성의 근원이 되는 실존에서만 획득하는 것이다.

독자적인 현실성으로서의 자기반성은 심리학의 대상이며 원천이다. 실존의 자기 존재의 매개로서, 자기반성 자체는 동시에 내적 행위이기도 한 '실존해명'의 구체적인 철학이다. 자기 자신을 의식하는 이성의 포괄자로서는, 자기 반성은 논리적 자각으로서 실현된다.

이러한 관련을 일반적으로 가능한 한 명료하게 하기 위해서는, 사유 자체는 무엇인가, 개념은 무엇인가 하는 질문이 그 근원으로부터 제시되고 전개되어야 할 것이다. 이것은 이 강좌의 테마에서 벗어나는 것이다. 당신은 하나의 전제, 곧 사유란 무엇이며 개념이란 무엇인가 하는 것은 자명하다고 하는 전제를 허용하지 않으면 안 된다. 그러나 이러한 전제는 확실히 부당하다. 왜냐하면 여기에는 참된 심연이 있으며, 철학적 논리학에 대해서는 모든 사유 가능성의 근원에 있어서의 결정적인 출발점이 되기 때문이다. 철학적 논리학은 이러한 점에서는 습관적인 사유와는 전혀 다른 평면에 올라가야만 하며, 이것은 이 강의에서 시도된 '포월자'의 사유의 평면과 유사한 듯하지만 전혀 다르다.

2. 철학적 전통의 획득

 일반적인 것에 대한 이성적 의지는 이른바 절대적 궁극자—헤겔, 키에르케고르 및 니체에 의해 도입된—에 대한 지식을 의문에 붙인다. 이 의지는 근원에 따라서 자기 자신의 역사에 되돌아간다. 이 역사는 새로운 방식으로 모든 것을 부인하고 무지로부터 다시 출발하는 허무주의에 대항하여 이성적 의지의 과제가 된다.

 곧 키에르케고르와 니체의 사상과 실존이 우리를 혁신하였다면 우리는 그 내용을 과거의 철학적 사유에서 회상에 의해 재인식하는 통찰에 이르게 된다. 이미 수행되었으나 결코 궁극적이며 방법적인 자각에 도달하지 못할 것을 우리는 다시금 본래적으로 이해하려고 생각한다. 우리는 영원한 철학(Philosophia perennis)의 근원을 더욱 명백히 알아내고, 참된 철학적 사유를 합리적인 공허성으로부터 더욱 분명하게 구별할 수 있다고 믿는다. 실존적으로 말하는 새로운 철학의 역사가 우리들에 의해 형성되고 있는 것이다.

 그러나 이러한 역사는 더욱 내면적이기 때문에 이전보다도 더욱 충실하게 옛것(Das Uralte)을 보존하려고 한다. 최근의 수세기는 철학자가 언제나 완전히 최초부터 다시 시작하려고 한 빈도가 많았다는 점이 특색이며, 따라서 매번 그가 처음으로 본래적인 과학적 철학을 시작했다고 주장하는 사람이 등장했다. 우리는 다르게 생각하고 또 보려 한다. 철학적 사유에 있어서 불변의 근원성은 이미 현존하고 있는 진리—이것은 역사적 실현으로서 항상 사귐에 의해 형성되는 것이기는 하지만—의 획득(Aneignung) 이외의 다른 것이 아니다. 사실 선조들이 우리들에게 말해 준 전통은 동일한 반복 또는 마치 지나간 것이 오늘날도 활동하고 있으며, 참된 것처럼 여기는 현재를 무시한 연결에 의해서 보존되는 것이 아니라 현재의 상황의 파악에 의해서만 보존되는 것이다. 그러나 전체적인 인간의 상황 변화와 더불어 인간이 철학하기 시작한 이후 줄곧 동일한 것으로 남아 있는 깊이 숨겨져 있는 것, 내면적인 것이 있다. 예전에는 없었던 새로운 것을 나타내는 것은 대체로 오직 표현형식, 역사적으로 규정된 동기, 접근방식, 역사적 내용뿐이다. 그것은 무제약자의 그때그때의 불가결한 형식이요 피난처인 생성(Das Kommende)과 소멸(Das Gehende)이지만 또한 직접 사랑할 만한 가치가 있는 것이다. 신이 다시금 자기 자신으로 돌아가야 할 생성적인 존재자가 아닌 것처럼 철학적 사유는 시초부터 실존하는 인간의 탐구적인 사상에 의해 일자(一者)와 결합되어 있으며, 던져진 닻, 그러나 각자 자기 자신으로서만 던질 수 있는 닻이다. 아무리 위대한 사람이라도 다른 사람을 위해 이 닻을 던져주지는 못한다.

3. 계시적 신앙과 無神性 사이의 철학

　키에르케고르는 불합리한 역설 및 순교자적인 현존재로서만 참되게 살 수 있다는 신앙에 도달하기 위해서, 그리고 니체는 무신성에 도달하기 위해서 철학 자체를 의식적으로 전복시켰다는 점에서 다른 위대한 철학자들과 구별된다. 그들은 모두 철학적 사유의 가능성이 인간의 모든 가능성은 아니라는 것을 알아야만 철학적 사유에 접근할 수 있다는 것을 명백히 하였다. 왜냐하면 철학하는 실존의 가능성은, 이 실존에 대해서는 참이 아니나 그 자체로서는 참인 다른 현실성 앞에서, 곧 계시된 신앙[1] 앞에서, 또는 무신성 앞에서 실존이 자기 자신을 봄으로써만 순수한 근원에서 자기 자신을 발견하기 때문이다. 이러한 가능적 실존에 대한 타자, 곧 예배라는 권위와 결부된 복종적인 교회 신앙과 무신성은 두 측면에 있어서 세계를 지배할 정도로 중요한 현실성이다. 비록 교회 신앙과 무신성은—철학적 사유 자체와 마찬가지로—대중 속에서 편리한 생활 습관이나 냉담한 무관심이나 형식적인 요설로 해소되기는 하지만, 양자는 희생적인 행위에 의해서 또는 소모적인 정열에 의해서 진리를 입증한다.

 철학하는 자에게는 진리의 폐쇄적인 자기만족이 있을 수 없다는 것은 동시에 그 자신이 아닌 것에 대해서 개방되어 있다는 것을 의미한다. 역사에 있어서 우리는 철학하는 자에게서만 불만과 귀기울여 들으려는 용의, 어떤 것에도 놀라지 않는 사상을 발견하며, 이러한 사상에 의해서 철학하는 자는 무엇을 획득하든간에 이를 넘어섬으로써 진리에 접근하려고 하며, 선취나 궁극성에 의해서 진리가 가려지는 것을 막으려고 한다. 철학하는 사람의 태도는 독단적으로 진리의 소유를 주장하지 않기 때문에 불안정한 것처럼 보인다. 그러나 이러한 불안정성은 사실은 간단없는 탐구에 나타나는 힘의 상징이며, 이 간단없는 탐구야말로 참되고 제한 없는 사귐을 만드는 것이며, 인간과 인간을 모든 합목적성 공감, 일정한 내용 및 여러 가지 견해들을 초월하여 결합시키려고 하는 것이다.

 그러므로 철학적 진리는 그것이 오류를 범하지 않는 한 하나의 그리고 유일한 진리로 이해될 수 없는 것이다. 철학적 진리는 철학적 진리 이외의 것은 비진리라고 부인하거나 또는 고유한 진리로 획득하지 않은 채, 이러한 타자와 지속적인 관계를 갖는다.

 인간의 향상은 거기서 인간이 향상을 발견하는 높은

기준을 추구한다. 우리가 진지하기만 하다면, 우리는 타자에게서 우리들에게 속하는 진지성에 마주친다. 절대적인 신의 상실은 무사상적인 범용보다는 참된 신앙에 더 가깝다. 그러나 철학하는 자는 스스로 끊임없이 타자를 염려한다. 곧 그는 교회적 종교와 무신성의 엄습을 받고 있다. 그는 높은 형태에 있어서 교회적 종교보다 무신성을 추구하는 것이다.

철학의 의식에 있어서는 언제나 그러했던 것은 아니다. 중세철학은 신앙에의 선구(Praeambula Fidei)를 자처했다. 중세철학의 입장에서는 무신성은 절대적인 비진리이며 멸망시켜야 할 적이었다. 데카르트는 교회의 충실한 종복이었고, 그는 교회의 제약 밑에서만 자기의 철학적 사유를 허용하려고 했다. 스피노자는 타자에 대해 적의를 갖고 있지는 않았으나 타자에게도 진리가 가능하다는 것을 인정하지는 않았다. 스스로 진리를 소유하고 있다고 믿으면서 그는 축복받은 것처럼 유유자적했고 신성의 사색에 골몰했다. 헤겔은 모든 것을 순수한 정신으로 바꾸어놓았으며, 절대정신을 그 의미에 있어서 근본에 이르기까지 일식하였으며, 신에 봉사하는 것으로써 그의 논리학을 완성하였으며, 자기 자신을 경건한 그리스도교도라고 생각했다.

오늘날 문제는 더욱 결정적인 것이 되었고, 어떠한

회피도 불가능해졌다. 철학적 사유는 계시적 신앙의 의미를 알 수 없다는 것을 정직하게 시인하고 있으며, 계시적 신앙에 반대하고 그 자신의 고유한 근원으로부터 신을 탐구하는 길을 주장하고 있다. 철학적 사유는 궁극적으로는 무신성—철학적 사유는 고유한 근거로부터 무신성을 비난한다—이 될 회의에 의해 내면적인 위협을 받고 있다.

타자의 태도도 이에 대응한다. 전통적인 종교로부터, 철학은 무신적이라는 선고를 받았고 무신성으로부터 철학은 종교를 세속화함으로써 생명 없는 후계자가 되었으므로 종교의 불성실하고 무력한 희박화라는 선고를 받고 있다.

철학적 사유는 고유하며 독립적이고 대체할 수 없는 근원을 각지할 때에만 참될 수 있다.

이러한 근원은 교회적 종교나 무신성처럼 사회적 권력은 아니다. 오히려 철학의 정신은 아무런 권력 없이 어떤 시대에나 현현하는 근원으로부터 영혼에 침투하여 영혼으로 하여금 자기 자신을 각성하게 하고, 어떠한 목적도 갖지 않았으며 타자에 봉사하지도 않고 또 타자와 투쟁하지도 않는 진리에 참여하게 한다. 철학의 정신은 오직 각지에 의해서 인간의 본성 전체로부터 사유하는 도상에서 진리의 현재를 경험하게 한다. 그것은 종교의 기도에 비교할 수 있을 뿐이나, 동시에 인격적인 신성의 분명한 대답을 받지 못하기 때문에 기도보다 못한 것이며, 한편 포월자의 가능성을 무제한하게 각지하고, 또한 고유한 실존에서 이 가능성을 그때그때 역사적으로, 무제약적인 것으로 실현하기 때문에 기도 이상의 것이다. 오직 후자만이 철학에 속하는 실현이다.

그러나 철학의 사유는 성직자적(聖職者的) 종교에서 그 실현을 전혀 다르게 발견하며, 따라서 신앙에의 선구로 전락하는 데 이러한 전락에 있어서도 이질적인 실현임에도 불구하고 고유한 근원을 부지중에 오랫동안 간직하기도 하지만 이러한 실현은 그 자체가 철학적 사유를 단순한 개념적 도식(圖式)에 역행시켜 메마르게 하는 경향을 갖고 있다.

한편 철학적 사유는 무신성에서 실현을 발견할 수도 있는데, 무신성은 계시적 종교에 반대하는 철학적 사유의 결과이며, 따라서 무신성의 세계 안에서의 유한한 지식을 위해서 거꾸로 철학적 사유 자체를 포기하려는 경향을 갖는다. 그러나 이러한 무신성은 철학적 사유의 본질을 탈취함으로써 철학적 사유를 모든 존립자나 권위에 대항하는—존립자나 권위가 무신성 자체로부터 욕구된 현존재가 우세한 권력이 아닌 한—파괴력으로 이용한다.

그 근원에 충실한 철학적 사유는 계시적 종교나 무신성을 본래적으로 이해하지 못한다. 계시적 종교나 무신성은 그것이 사유하는 한 철학적 사유의 개념으로부터 빌려온 듯한 개념을 사용하여 사고를 수행하는 것 같다. 그러나 양자는 철학적 사유의 내적 행위와는 명백히 본질적으로 다른 내적 행위를 수행하지 않으면 안 된다. 철학하는 자는 그에게는 결정적으로 중요한 것으로서의 불가해한 것의 엄습을 받는다. 그는 그것을 이해하지 못한다. 우리는 그것을 이해하기 위해서는 그 자체가 되지 않으면 안 되기 때문이다. 철학하는 자는 어느 날 그의 길을 배신하고 그래서 기도하며 무릎을 꿇게 될 것인가, 또는 어느 날 참된 것은 아무것도 없다, 모든 것은 허락되었다고 하는 무신성에서 세계를 버리게 될 것인가 하는 것에 대해서는 전혀 알지 못한다. 그가 계시적 종교와 무신성을, 그의 영원히 초월적으로 결합되어 있는 본질의 자살처럼 보지 않을 수 없다 하더라도, 즉 이해하지 못하는 경우에 또는 단순한 일탈에 마주치는 경우에, 그에게는 계시적 종교가 비약적인 죽음(Salto mortale)을 접근할 수 없는 것—이것에 의해 철학하는 비본질적인 것이 되지 않을 수 없다—으로 만드는 것처럼 보일 것이다. 이에 반하여 무신성은 그에게는 세상의 움직임에 대한 모험적인 주장이나 무사상적인 미신이나 불가해한 종교의 대용물을 만들어내는 것처럼 보일 것이며, 따라서 그에게는 무신성은 광신성에 있어서 철학보다는 투쟁적이며 비관용적인 교회적 종교에 더욱 유사하다고 생각될 것이다.

철학은 언제나 이러한 두 가지 다른 신앙 양식에 직면하고 있으나, 고유한 근원을 포기하지 않는 한 철학이 이러한 신앙 양식으로 변형될 수는 없으며, 또한 철학의 고유한 생명을 상실하지 않는 한 철학은 이러한 신앙 양식을 중요하지도 않고 참되지도 않은 것이라 무시할 수도 없다. 동시에 참된 방법으로 자기 자신을 확인하기 위해서는 철학의 고유한 생명도 항상 의문에 붙여져야 하는 것이다.

그러나 철학하는 자 자신은 그의 사유의 추상적인 일발성이나, 사상 자체에 한정되는 데서 충만되는 것이 아니라, 그의 역사성에 있어서 충만된다. 이 역사성에 있어 철학하는 자는 고유한 종교적 전통 및 무신성의 어디에나 스며드는 흐름과 적극적인 관계를 갖는다. 그는 무신성의 현실을 주시함으로써 인간의 본성―이 본성에 대해 신이 죽고 또 관계 없는 것이라면 인간의 본성은 완전히 다른 것으로 변화되는 것이 불가피하므로 자기 자신을 보존하지는 못한다―에 대한 결정적인 투쟁을 알게 된다. 그러나 이러한 투쟁은 철학적으로는 세계 안의 현상에 대한 외부적인 투쟁이 아니라, 신성의 존재에 결합되어 영혼으로부터 영혼에 전달되는 사상을 산출하는 내면적인 투쟁이다.

[원주]
1) 나의 ≪철학≫ 1권 p.292 이하의 〈철학과 종교〉, 〈과학 및 예술의 관계〉에 대한 설명을 참조.

4. 철학적 신앙

 종교와 무신성에 직면하여 철학하는 자는 고유한 신앙에 의해 산다. 인간이 철학을 하는 한 '진리의 증언'의 쇠사슬[경건한 그리스도교도는 여기에 묶여 있다고 느낀다]이나, 옛날부터 세계 형성에 효과적인 작용을 해왔으며 언제나 자기의 언어를 발견하는 무신성에 관련되어 있는 것이 아니라 자유롭게 추구하는 인간의 은밀히 개방된 쇠사슬과 관련되어 있음을 안다. 이러한 쇠사슬의 빛나는 고리가 소수의 위대한 철학자들이며, 이러한 사람들은 제자를 원하지 않고, 오히려 제자를 경멸하면서 자기의 인간적 유한성과 자신이 그 안에서 살고 있는 무한성을 자각하며, 그들을 자기 자신의 입장에서 파악하는 자들에게 횃불을 건네주지만 결국 아마 꺼져가는 불꽃을 전달하는 데 지나지 않을 것이다. 후계자가 다시 횃불을 더욱 밝게 타오르게 하기까지는.
 이러한 신앙은 이성 안에 있으면서 이성 이상의 것이다. 나는 인식 행위로서의 이성의 자기 확인에 절대적인 기초를 갖고 있는가, 또는 이러한 매개에 의하여 고유한 실존의 가능성을 확인하는가 하는 것은 동일한 것이 아니다. 그러므로 항상 단순한 이성에 근거를 두려고 하는 철학적 사유의 길은 언제나 공허하게 끝맺지 않을 수 없었다. 철학에 있어서 이성이 아니면서도 이성에 전체적인 광역을 획득하게 하는 것이 어떻게 현현하는가 하는 것이 그때그때의 역사성에 있어서의 철학의 실체를 결정한다.

그러므로 고유한 철학적 신앙이 무엇인가 하는 것은, 객관적인 규정성에서는 언표될 수 없고 철학적 작업의 전체에 대한 궁극적으로는 간접적인 전달에서만 언표된다. 이러한 신앙은 그 '현상양식(現象樣式)'에 있어서만 직접적으로 더욱 명료해진다.

신앙은 인간이 개별자로서 내적 행위에 있어서 초월자 앞에 서게 하는 작업의 근원이다. 또한 각성적인 전통에 접촉하게 하지만 합리적으로 규정할 수 있는 것으로 동일하게 반복되지는 않기 때문이다. 비록 모든 철학적 사유는 형태와 다른 형태를 유사하게 하는 하나의 근원이 기초를 두고 있지만, 철학적 사유는 개별자로서의 인간의 끊임없는 자기교육이라고 하더라도 이러한 인간은 무한히 잡다한 현존재의 객관적인 다양성에 있어서 개체로서의 개별자가 아니라, 오히려 그 자체로서는 오직 개체의 고집이나 완고성에 지나지 않는 '개별화의 극복 과정'으로서의 개별자이다. 개체적인 현존재의 외견상 접근은 철학적 실존으로 보아서는 부정적인 대립이다. 그러나 이러한 대립은 한 존재의 포월자에 용해될 때에는 실존의 역사적 신체가 될 수 있다.

개별자는 모든 다른 사람과 구별되기 때문에 곧 재능·창조성·아름다움·의지 등이 뛰어남으로써 자기 자신이 되는 것은 아니며, 오히려 개별자로서는 각자가 그 자신일 수 있고 또한 아무도 본성에 따라, 이미 존재하지 않는 그러한 개별자이다. 그러나 개별자는 모든 타인과의 동일성에 있어 자기 자신이 되는 것은 '아니다'. 왜냐하면 동일성은 비교로부터 생기는 것이기 때문이다. 그러므로 자기 자신일 때에만 다른 자아 존재와 마찬가지로 비교되지 않는 경우 이외에는 자기 자신을 결코 비교하지 않는다는 것이 특색이다. 개별자가 비교되는 경우는 본래적으로 자기 자신이 아닌 측면에 대한 비교이다. 그의 초월자―이러한 초월자의 입장에서만 인간은 인간일 수 있다―앞에 서있는 개별자는 그의 근거가 보편적인 것에서 상실되지 않도록 또한 그의 근거가 오만한 자기 주장이나 자기를 단순히 개별화하는 데서 오는 현존재의 불안에서 상실되지 않도록, 투쟁하고 있다. 철학적 신앙의 실존적 차축(車軸)이 내적 행위라고 한다면, 철학적 사유의 해명하는 사상은 이러한 신앙을 실현하는 가능성에 이바지한다. 이러한 철학적 사유는 형식적인 것에 그 진리를 순수하게 언표할 수 있으면 그럴수록 더욱 강력한 힘을 갖게 될 것이다. 따라서 철학적 사유는 새로이 그의 역사성에 접근하는 인간들에 의한 실현에 대해 개방되어 있기 때문에 각성적인 힘을 갖는 것이지 부여하는 힘을 갖는 것은 아니며, 이러한 부여하는 힘은 오히려 기만하는 것이 될 것이다. 칸트나 다른 모든 위대한 철학자의 철학적 사유와 마찬가지로 사상의 순수한 형식은 이러한 형식을 사유하고 실행할 수 있는 사람들을 본래적으로 변화시킨다.

신앙에 의해 충만되는 철학적 사유가 실존의 현실성에 의해 비로소 존재하게 되는 것이라면, 이러한 실존의 현실성 자체에서는 참된 명상도 수행된다. 이러한 명상은 존재를 숙고하고 현존재 및 내가 마주치거나 또는 나 자신인 존재의 모든 양식의 암호문자를 찬독하는 실존의 삶으로서의 철학적 사유이다. 그것은 말하자면 시간으로부터 벗어나서 시간 자체를 현상에 있어서의 암호로 보는 침잠(沈潛)이다.

철학적 사상의 실현은 이러한 침잠의 현실성인데, 이러한 침잠은 철학적 사상에서 유리되면 오직 언표된 사상으로서 공허하게 된다. 이러한 철학적 사상은 말하자면 사변(思辨)의 음악인 것이다. 철학적 사상에는 마치 가능적인 것에 대한 사유와 현실적인 것을 만나게 하는 전환이 있는 것처럼 보인다. 그것은 마치 세계의 사물 자체가 아니라, 이러한 사물과 모든 가능적인 것에서 존재 자체를 보기 위한 개안수술(開眼手術)과 같은 것이다. 또한 어떤 것에 대한 지식이 아니라 사유의 실현에 있어서 존재를 경험하게 하는 사유의 경험이다. 그것은 말하자면 인간을 변화시키지만 아무런 대상도 산출하지 않는 사유의 수술과 같다. 그것은 마치 어느 시대에 있어서나 비밀로 남아 있는 것 같으며, 또한 이 비밀은 언제나 이 비밀에 참여하려는 자에게는 개방되는 것이며, 또한 어느 세대나 파르메니데스와 안셀무스에 의해 보고된 것, 곧 이해하지 못하는 자에게는 형식적인 추상이요 무내용적인 어리석음이지만 '이해하는 자'에게는 불가해한 사상적 만족을 주는 것으로 인도한다.

5. 이러한 철학적 사유에 대한 반대

 키에르케고르와 니체의 결정적인 영향 밑에서 형성된 현재의 '철학적 사유'의 상(像)은 그 몇 가지 특징에 의해 소묘되었다. 이러한 '철학적 사유'에 대해 전형적인 반대가 생긴다.

 첫째, 사람들은 다른 계보를 제시하고, '철학적 사유'를 역사적 유형 밑에 포섭시킨다. 다시 말하면 이러한 철학적 사유는 이미 있었던 것이고, 따라서 새로운 것이 아니기 때문에 낡았으며, 이미 반박되었거나 해결된 것이고, 오직 가면을 써야만 무력한 유령으로서 재현될 수 있다는 것이다.

 말하자면 이러한 철학적 사유는 현실과 유리되고 무력하며 기만적인 낡은 관념론이라는 것이다.

 이에 대해서는 일반적으로 판단이라는 것은 현실적으로 실현된 개개의 사유에 관계하는 것이 아니라, 오직 도식적(圖式的)으로 포섭하는 것에 지나지 않는다고 대답할 수 있다. 판단은 판단 안에 존재하고 있는 자기 사유의 성실이 아니라, 어떤 것에 대해 사유하는 지성을 표현한다. 본래적인 철학은 모두 이러한 태도에 있어서는 관념론이라고 불린다. 비난하는 자는 그 자신이 원하고 믿는 바를 말할 것이 틀림없다. 그런데 그들이 원하고 믿는 것은 종교적인 계시신앙(啓示信仰)이거나, 또는 참된 무신성이거나, 비철학적·실증적이고, 자칭 실재적(實在的)인 철저히 천박한 내재자(內在者)일 것이다.

또한 이 비난, 이러한 철학은 철학 그 자체가 도달하는 무를 신학적인 표절에 의해 보충하려는 시도라고 말한다. 곧 자주 일어나는 일이지만 프로테스탄트 신학의 세속화, 또는 가장된 신학에 지나지 않는다는 것이다.

그러나 이러한 반대는 절대적으로 인간적인 것을 그리스도교적인 것에 고유한 것과 혼동하고 역사적인 것을 그리스도교적 계시의 특수한 역사와 혼동한다. 우선 여기에서는 일정한 계시 내용과 계시 내용을 통해 작용하는 은총이 없으면, 인간적인 것은 무화(無化)되고 공허화된다는 기만적인 전제를 세우고 있다. 그러나 이렇게 되면 본질적으로 철학적이며 그리스도교적 신앙이 아닌 인간적인 것이 잘못된 신학적 사유에 의해 해명됨으로써, 그리스도교적인 것이 더욱 접근되는 잘못을 범하게 되며, 따라서 안이한 것이 되어버린다. 아마도 이러한 점에서는 '철학적 사유'는 더욱 성실하기 때문에 더욱 훌륭한 신학―비록 부정적인 신학이지만―일 것이다. 곧 이러한 신학은 신학이 철학적 사상—철학은 이를 철학적 사상으로 받아들이지 않는다—에 어느 정도 의존하고 있는가를 보여준다.

둘째, 논리적 반대가 일어난다. 곧 이러한 철학적 사유는 학문이 되려고 하지 않으면서도 보편타당한 주장을 내세우므로 자기 자신에 모순된다는 것이다. 여기서 말하자면 동시에 취소하고 주면서 동시에 주지 않는다는 이러한 철학적 사유의 철저하고 분개할 만한 이율배반적 구조가 생긴다는 것이다.

이에 대해서는 사실상 철학적 사유의 논리학을 분명하게 만든다는 것이 문제라고 대답할 수 있다. 철학적 사유의 논리학이 분명해지면 전달이 의미의 각 형식과 각 단계, 그리고 이러한 논리학의 입장에서 필연적인 모순성 및 철학적 사유의 내부에서만 성립하는 보편타당한 확증의 의미를 가진 '철학적 세계정위'와 '철학적 논리학'에 있어서 한 분야의 파악이 가능해진다.

또한 이 반대는 이러한 철학적 사유는 비대상적인 것을 인식하려고 해서 배리적(背理的)인 것이 되므로 이해할 수 없다고 말한다. 그러므로 이러한 철학적 사유는 결코 대상이 될 수 없는 것에 대해 대상적으로 말하는 모순을 범하고 있다는 것이다. 어떠한 대상도 존재하지 않는 경우에는 모든 것이 정지되어야 한다는 것이다. 따라서 이러한 철학적 사유는 자기 자신의 그림자를 뛰어넘으려고 하거나 또는 뮌흐하우젠(Münchhausen)처럼 자기의 앞머리를 잡아끌어서 자신을 늪에서 빠져나오게 하려는 무익한 시도라는 것이다. 그것은 삶과는 유리된 지적인 곡예라는 것이다.

이러한 반대는 비록 조잡하기는 하지만 전달 형식을 부분적으로는 옳게 지적하고 있다. 그러나 이 경우, 전달의 의미를 잘못 파악하고 있다. 이런 평가는 이해 부족으로 말미암아 여기에서 수행되는 것에 전혀 적중하지 않는다. 왜냐하면 유한한 오성―이 오성은 유한한 오성 이상의 것은 아무것도 원하지 않는다―에 대해서는 무의미하며, 또한 유한한 오성에 대해서는 오직 광적인 것인 초월의 양식이 문제이다. 그러나 초월의 양식은 비록 유한한 오성의 입장에서 수행될 수 없는 유한자의 초월이라 하더라도, 그렇다고 실존의 이성에 대해서까지 무는 아니다.

또한 모든 오성에 대해서 진리가 중대한 타당성을 갖는다고 주장하는, 전체에 대한 '사물적(sachliche)'이며 개념적·합리적이며 비인격적인 인식〔체계적 철학〕이냐, 또는 '시적(詩的)'이며 예술적인 성취냐 하는 양자택일이 제시된다. 그러나 이러한 철학적 사유는 이러한 양자 중 어느 것도 아니며, 따라서 무기나 가능성이 없는 시와 합리성의 혼합은 아닌 것이다.

그러나 예술이냐 학문이냐 하는 이러한 반대는 문화 영역과 정신 영역의 구분을 전제로 하는 것인데, 이러한 구분은 결코 배타적인 타당성을 주장할 수 없는 것으로 의심스럽다. 철학적 사유의 사유방식을 독자성에 있어서 방법적으로 이해하고 철학적 사유에서 타자에게서 오는 거짓 매개가 아니라 고유한 근원을 보는 것이 중요하다.

셋째, 이러한 철학적 사유에 대해 실체적인 반대가 일어난다.

곧 철학적 사유에서는 모든 객관적 타당성과 질서, 따라서 모든 결합성이 포기된다는 것이다. 그것은 비과학적이며 따라서 주관적이고 임의의 자의를 앞세운다는 것이다.

이에 대해서 철학은 오히려 기만 없이 지속하는 불변의 질서를 정열적으로 탐구하는 것이라고 설명할 수 있다. 철학은 질서의 양식을 인식하고 이 양식을 자기 것으로 만들지만 그 의식은 모든 질서의 한계, 따라서 선취되지는 않으나 유일하게 참된, 궁극적인 안정점에 대해 개방되어 있다. 철학은 합리적인 전달의 세련된 형식이라는 의미에 있어서 학문적인 것이지, 보편타당하고 상대적인 과학적 정당성과 무제약적이며 역사적인 진리를 혼동한다는 의미에서 학문적인 것은 아니다. 바로 이러한 철학만이 참된 과학의 사유방식을 보존하고 파악하고 또한 이에 생기를 부여할 수 있으며, 따라서 지적 유희, 절대화된 과학의 인식 및 기만적인 비철학의 비과학성을 해소시킬 수 있다. 철학은 실존에 근거한 이성에 의해 공허한 주지주의(主知主義)를 극복한다. 즉, 철학은 이에 귀 기울이는 자가 자아 존재를 맞이할 것을 요구하지만, 철학은 이런 자아 존재를 부여하지는 못하며[오직 신만이 그렇게 할 수 있을 것이다], 오직 각성시킬 수 있을 뿐이다. 철학에 있어서는 인간적인 사유, 철학만이 이를 수행할 수 있다는 다른 사람에 대해서는 언제나 오직 자극에 지나지 않으며 실현은 아니다.

또한 사람들은 이러한 철학은 개인주의적이라고 비난한다.

그것은 철저한 오류이다. 개인주의적인 것과 보편주의적인 것의 양자택일이라는 범주의 양자택일은 철학적 사유의 평면에서는 상호 배타적인 것으로서 적용될 수 없다. 왜냐하면 이러한 형태로서는 양자가 모두 오류를 범하게 되기 때문이다. 철학은 그 형식에 따라서 개인주의적으로도 악용될 수 있다.

끝으로 주관주의적이라고 하는 일반적 반대는 다음

과 같은 형태로 언표된다. 곧 이러한 철학은 초월자의 상징을 주관에 의해 창조된 형상으로서만 알 뿐이며, 따라서 모든 객관성을 몰락시키듯이 신성의 의미를 사실상 몰락시킨다는 것이다.

참된 철학에 있어서 이와 같은 일은 결코 일어나지 못한다. 철학은 근원적으로는 모든 현상을, 그것이 선행된 초월자의 현실성 암호일 수 있을 때에만 철학적으로 중요하다고 본다. 철학은 탐구에 있어서 암호를 가능한 신의 발자취(vestiga dei)로서 파악하는 것이지 은폐된 신 자체로서 파악하는 것은 아니다. 그러나 암호가, 철학이 드러나게 할 수 없는 은폐성을, 궁극적이며 본래적인 존재로서 나타내줄 때에 암호는 철학에 대해 어떤 의미를 갖게 된다.

이와 같은 반대들에 대해서 철학은, 언표된 것의 내용이 실체를 동반하지 않고 강제적인 보편타당한 확증을 내세울 수 있는 드문 경우에 있어서만 논리적으로 자기 방어를 할 수 있다. 그렇지 못한 경우에 철학은 오직 적극적으로 행동할 수 있을 뿐이다. 곧 철학은 전개를 통해서 자기 자신을 말하고 알린다. 참된 철학은 근원적으로 비논쟁적이다. 철학은 그곳으로부터 철학이 시작되고 또 그곳으로 가는 어떤 것을 신앙하며 모든 인간 안에 있는 원천을 기대한다. 철학은 어떠한 보호도 알지 못하며, 다만 철학을 통해 말하는 개방성과 진리의 정밀(靜謐)을 신뢰할 뿐이다.

옮긴이 약력

고대 대학원 졸
고대 문리대 교수 역임

역　　서
니체 ≪차라투스트라는 이렇게 말했다≫
라이히 ≪의식혁명≫
러셀 ≪행복의 정복≫
아우렐리우스 ≪명상록≫
드레어 ≪역사철학≫ 기타

이성과 실존　　〈서문문고 207〉

개정판 발행 / 1999년 2월 20일
개정판 2쇄 / 2023년 5월 20일
옮긴이 / 황 문 수
펴낸이 / 최 석 로
펴낸곳 / 서 문 당
주소 / 경기도 고양시 일산서구 가좌동 630
전화 / 031-923-8258 팩스 / 031-923-8259
창업일자 / 1968.12.24
창업등록 / 1968.12.26 No.가2367
등록번호 / 제406-313-2001-000005호
ISBN 978-89-7243-407-8

초판 발행 / 1976년 1월 5일 * 잘못된 책은 바꾸어 드립니다

서문문고 목록

001~303
◆ 번호 1의 단위는 국학
◆ 번호 홀수는 명저
◆ 번호 짝수는 문학

001 한국회화소사 / 이동주
002 황야의 늑대 / 헤세
003 고독한 산책자의 몽상 / 루소
004 멋진 신세계 / 헉슬리
005 20세기의 의미 / 보울딩
006 가난한 사람들 / 도스토예프스키
007 실존철학이란 무엇인가/ 볼노브
008 주홍글씨 / 호돈
009 영문학사 / 에반스
010 쯔바이크 단편집 / 쯔바이크
011 한국 사상사 / 박종홍
012 플로베르 단편집 / 플로베르
013 엘리어트 문학론 / 엘리어트
014 모옴 단편집 / 서머셋 모옴
015 몽테뉴수상록 / 몽테뉴
016 헤밍웨이 단편집 / E. 헤밍웨이
017 나의 세계관 /아인스타인
018 춘희 / 뒤마피스
019 불교의 진리 / 버트
020 뷔뷔 드 몽빠르나스 /루이 필립
021 한국의 신화 / 이어령
022 몰리에르 희곡집 / 몰리에르
023 새로운 사회 / 카아
024 체호프 단편집 / 체호프
025 서구의 정신 / 시그프리드
026 대학 시절 / 슈토롬
027 태초에 행동이 있었다 / 모로아
028 젊은 미망인 / 쉬니츨러
029 미국 문학사 / 스필러
030 타이스 / 아나톨프랑스
031 한국의 민담 / 임동권
032 모파상 단편집 / 모파상
033 은자의 황혼 / 페스탈로치
034 토마스만 단편집 / 토마스만
035 독서술 / 에밀파게
036 보물섬 / 스티븐슨
037 일본제국 흥망사 / 라이샤워
038 카프카 단편집 / 카프카
039 이십세기 철학 / 화이트
040 지성과 사랑 / 헤세
041 한국 장신구사 / 황호근
042 영혼의 푸른 상흔 / 사강
043 러셀과의 대화 / 러셀
044 사랑의 풍토 / 모로아
045 문학의 이해 / 이상섭
046 스탕달 단편집 / 스탕달
047 그리스. 로마신화 / 벌핀치
048 육체의 악마 / 라디게
049 베이컨 수상록 / 베이컨
050 미뇽레스코 / 아베프레보
051 한국 속담집 / 한국민속학회
052 정의의 사람들 / A. 까뮈
053 프랭클린 자서전 / 프랭클린
054 투르게네프단편집/투르게네프
055 삼국지 (1) / 김광주 역
056 삼국지 (2) / 김광주 역
057 삼국지 (3) / 김광주 역
058 삼국지 (4) / 김광주 역
059 삼국지 (5) / 김광주 역
060 삼국지 (6) / 김광주 역
061 한국 세시풍속 / 임동권
062 노천명 시집 / 노천명
063 인간의 이모저모 /라 브뤼에르
064 소월 시집 / 김정식
065 서유기 (1) / 우현민 역
066 서유기 (2) / 우현민 역
067 서유기 (3) / 우현민 역
068 서유기 (4) / 우현민 역
069 서유기 (5) / 우현민 역
070 서유기 (6) / 우현민 역
071 한국 고대사회와 그 문화 /이병도
072 피서지에서 생긴일 /슬론 윌슨
073 미하트마 간디전 / 로망롤랑

서문문고목록 2

074 투명인간 / 웰즈
075 수호지 (1) / 김광주 역
076 수호지 (2) / 김광주 역
077 수호지 (3) / 김광주 역
078 수호지 (4) / 김광주 역
079 수호지 (5) / 김광주 역
080 수호지 (6) / 김광주 역
081 근대 한국 경제사 / 최호진
082 사랑은 죽음보다 / 모파상
083 퇴계의 생애와 학문 / 이상은
084 사랑의 승리 / 모옴
085 백범일지 / 김구
086 결혼의 생태 / 펄벅
087 서양 고사 일화 / 홍윤기
088 대위의 딸 / 푸시킨
089 독일사 (상) / 텐브록
090 독일사 (하) / 텐브록
091 한국의 수수께끼 / 최상수
092 결혼의 행복 / 톨스토이
093 율곡의 생애와 사상 / 이병도
094 나심 / 보들레르
095 에머슨 수상록 / 에머슨
096 소아나의 이단자 / 하우프트만
097 숲속의 생활 / 소로우
098 마을의 로미오와 줄리엣 / 켈러
099 참회록 / 톨스토이
100 한국 판소리 전집 / 신재효, 강한영
101 한국의 사상 / 최창규
102 결산 / 하인리히 빌
103 대학의 이념 / 야스퍼스
104 무덤없는 주검 / 사르트르
105 손자 병법 / 우현민 역주
106 바이런 시집 / 바이런
107 종교론, 국민교육론 / 톨스토이
108 더러운 손 / 사르트르
109 신역 맹자 (상) / 이민수 역주
110 신역 맹자 (하) / 이민수 역주
111 한국 기술 교육사 / 이원호
112 가시 돋힌 백합/ 어스킨콜드웰
113 나의 연극 교실 / 김경옥
114 목녀의 로맨스 / 하디
115 세계발행금지도서100선 / 안춘근
116 춘향전 / 이민수 역주
117 형이상학이란 무엇인가 / 하이데거
118 어머니의 비밀 / 모파상
119 프랑스 문학의 이해 / 송면
120 사랑의 핵심 / 그린
121 한국 근대문학 사상 / 김윤식
122 어느 여인의 경우 / 콜드웰
123 현대문학의 지표 외/ 사르트르
124 무서운 아이들 / 장콕토
125 대학·중용 / 권태익
126 사씨 남정기 / 김만중
127 행복은 지금도 가능한가 / B. 러셀
128 검찰관 / 고골리
129 현대 중국 문학사 / 윤영춘
130 펄벅 단편 10선 / 펄벅
131 한국 화폐 소사 / 최호진
132 사형수 최후의 날 / 위고
133 사르트르 평전 / 프랑시스 장송
134 독일인의 사랑 / 막스 뮐러
135 사서삼경 입문 / 이민수
136 로미오와 줄리엣 / 셰익스피어
137 햄릿 / 셰익스피어
138 오델로 / 셰익스피어
139 리아왕 / 셰익스피어
140 맥베스 / 셰익스피어
141 한국 고시조 500선/강한영 편
142 오색의 베일 /서머셋 모옴
143 인간 소송 / P.H. 시몽
144 불의 강 외 1편 / 모리악
145 논어 /남만성 역주
146 한여름밤의 꿈 / 셰익스피어
147 베니스의 상인 / 셰익스피어
148 태풍 / 셰익스피어
149 말괄량이 길들이기/셰익스피어
150 뜻대로 하셔요 / 셰익스피어

서문문고목록 3

151 한국의 기후와 식생 / 차종환
152 공원묘지 / 이블린
153 중국 회화 소사 / 허영환
154 데미안 / 헤세
155 신역 서경 / 이민수 역주
156 임어당 에세이선 / 임어당
157 신정치행태론 / D.E.버틀러
158 영국사 (상) / 모로아
159 영국사 (중) / 모로아
160 영국사 (하) / 모로아
161 한국의 괴기담 / 박용구
162 욘손 단편 선집 / 욘손
163 권력론 / 러셀
164 군도 / 실러
165 신역 주역 / 이기석
166 한국 한문소설선 / 이민수 역주
167 동의수세보원 / 이제마
168 좁은 문 / A. 지드
169 미국의 도전 (상) / 시라이버
170 미국의 도전 (하) / 시라이버
171 한국의 지혜 / 김덕형
172 감정의 혼란 / 쯔바이크
173 동학 백년사 / B. 웜스
174 성 도밍고섬의 약혼 / 클라이스트
175 신역 시경 (상) / 신석초
176 신역 시경 (하) / 신석초
177 베를렌느 시집 / 베를렌느
178 미시시피씨의 결혼 / 뒤렌마트
179 인간이란 무엇인가 / 프랭클
180 구운몽 / 김만중
181 한국 고사조사 / 박을수
182 어른을 위한 동화집 / 김요섭
183 한국 위기(圍棋)사 / 김용국
184 숲속의 오솔길 / A.시티프터
185 미학사 / 에밀 우티쯔
186 한중록 / 혜경궁 홍씨
187 이백 시선집 / 신석초
188 민중들 반란을 연습하다
　/ 귄터 그라스
189 축혼가 (상) / 샤르돈느
190 축혼가 (하) / 샤르돈느
191 한국독립운동지혈사(상)
　/ 박은식
192 한국독립운동지혈사(하)
　/ 박은식
193 항일 민족시집/안중근외 50인
194 대한민국 임시정부사 / 이강훈
195 항일운동가의 일기/장지연 외
196 독립운동가 30인전 / 이민수
197 무장 독립 운동사 / 이강훈
198 일제하의 명논설집/안창호 외
199 항일선언·창의문집 / 김구 외
200 한말 우국 명상소문집/최창규
201 한국 개항사 / 김용욱
202 전원 교향악 외 / A. 지드
203 직업으로서의 학문 외
　/ M. 베버
204 나도향 단편선 / 나빈
205 윤봉길 전 / 이민수
206 다니엘라 (외) / L. 린저
207 이성과 실존 / 야스퍼스
208 노인과 바다 / E. 헤밍웨이
209 골짜기의 백합 (상) / 발자크
210 골짜기의 백합 (하) / 발자크
211 한국 민속악 / 이선우
212 젊은 베르테르의 슬픔 / 괴테
213 한문 해석 입문 / 김종권
214 상록수 / 심훈
215 채근담 강의 / 홍응명
216 하디 단편선집 / T. 하디
217 이상 시전집 / 김해경
218 고요한밤의 아간이야기
　/ H. 주더만
219 제주도 신화 / 현용준
220 제주도 전설 / 현용준
221 한국 현대사의 이해 / 이현희
222 부와 빈 / E. 헤밍웨이
223 막스 베버 / 황산덕
224 적도 / 현진건
225 민족주의와 국제체제 / 힌슬리

서문문고목록 4

226 이상 단편집 / 김해경
227 삼락신강 / 강무학 역주
228 굿바이 미스터 칩스 (외) / 힐튼
229 도연명 시전집 (상) / 우현민 역주
230 도연명 시전집 (하) / 우현민 역주
231 한국 현대 문학사 (상) / 전규태
232 한국 현대 문학사 (하) / 전규태
233 말테의 수기 / R.H. 릴케
234 박경리 단편선 / 박경리
235 대학과 학문 / 최호진
236 김유정 단편선 / 김유정
237 고려 인물 열전 / 이민수 역주
238 에밀리 디킨슨 시선 / 디킨슨
239 역사와 문명 / 스트로스
240 인형의 집 / 입센
241 한국 골동 입문 / 유병서
242 토마스 울프 단편선 / 토마스 울프
243 철학자들과의 대화 / 김준섭
244 파리시절의 릴케 / 버틀러
245 변증법이란 무엇인가 / 하이스
246 한용운 시전집 / 한용운
247 중론송 / 나아가르쥬나
248 알퐁스도데 단편선 / 알퐁스 도데
249 엘리트와 사회 / 보트모어
250 O. 헨리 단편선 / O. 헨리
251 한국 고전문학사 / 전규태
252 정을병 단편집 / 정을병
253 악의 꽃들 / 보들레르
254 포우 걸작 단편선 / 포우
255 양명학이란 무엇인가 / 이민수
256 이육사 시문집 / 이원록
257 고시 십구수 연구 / 이계주
258 안도라 / 막스프리시
259 병자남한일기 / 나만갑
260 행복을 찾아서 / 파울 하이제
261 한국의 효사상 / 김익수
262 갈매기 조나단 / 리처드 바크
263 세계의 시인사 / 버먼트 뉴홀
264 환영(幻影) / 리처드 바크
265 농업 문화의 기원 / C. 사우어
266 젊은 처녀들 / 몽테를랑
267 국가론 / 스피노자
268 임진록 / 김기동 편
269 근사록 (상) / 주희
270 근사록 (하) / 주희
271 (속)한국근대문학사상 / 김윤식
272 로렌스 단편선 / 로렌스
273 노천명 수필집 / 노천명
274 콜롱바 / 메리메
275 한국의 연정담 / 박용구 편저
276 심현학 / 황산덕
277 한국 명창 열전 / 박경수
278 메리메 단편집 / 메리메
279 예언자 / 칼릴 지브란
280 충무공 일화 / 성동호
281 한국 사회풍속야사 / 임종국
282 행복한 죽음 / A. 까뮈
283 소학 신강 (내편) / 김종권
284 소학 신강 (외편) / 김종권
285 홍루몽 (1) / 우현민 역
286 홍루몽 (2) / 우현민 역
287 홍루몽 (3) / 우현민 역
288 홍루몽 (4) / 우현민 역
289 홍루몽 (5) / 우현민 역
290 홍루몽 (6) / 우현민 역
291 현대 한국시의 이해 / 김해성
292 이효석 단편집 / 이효석
293 현진건 단편집 / 현진건
294 채만식 단편집 / 채만식
295 삼국사기 (1) / 김종권 역
296 삼국사기 (2) / 김종권 역
297 삼국사기 (3) / 김종권 역
298 삼국사기 (4) / 김종권 역
299 삼국사기 (5) / 김종권 역
300 삼국사기 (6) / 김종권 역
301 민화란 무엇인가 / 임두빈 저
302 무정 / 이광수
303 야스퍼스의 철학 사상
　　/ C.F. 월레프
311 한국풍속화집 / 이서지